언택트
리더십 GUIDE

비대면 회의를 대면 회의보다 효율적으로 이끄는 법

언택트 리더십 GUIDE

커스틴 클레이시 · 제이 앨런 모리스 지음 | 김주리 옮김

서울문화사

차례

나는 지난 수년간 퍼실리테이션 기법을 연구해왔다. 그 과정에서 사람들이 정보를 처리하는 방법과 참여 그룹들이 상호 간에 순조롭게 정보를 공유하고, 토론하고, 사고하고, 결정을 내릴 수 있는 환경을 만드는 방법을 배웠다. 연구 끝에 그러한 그룹 활동을 지원하는 프로세스를 대중에게 소개할 수 있었다. 프로세스는 나의 저서 《애자일 회고: 최고의 팀을 만드는 애자일 기법 Agile Retrospectives : Making Good Teams Great》에 상세히 설명되어 있다. 책에는 팀이 함께 있을 때 효과적으로 회고하고, 배우고, 개선점을 찾을 수 있는 방안이 담겨 있다.

하지만 원격 회의는 맥락이 조금 다르다. 지난 몇 년간 원격 회의에 여러 운영 방식을 적용해보고 해결책을 연구했지만 원격 회의는 여전히 직접적인 대면 회의에서의 상호 작용과 비교해 효율성이 떨어지는 경우가 많았다.

나 역시 그동안 수많은 원격 회의에 참여한 경험이 있다. 어쩔 때는 회의가 너무 길게 느껴져 결코 끝나지 않을 것만 같은 기분이 든다. 저조한 참여율과 고립감과 불충분한 피드백이 더해지면 자발적으로 회의에서 배제되는 편을 택하기도 한다. 원격 회의에서 이런 감정을 느끼는 사람이 나 혼자는 아닐 것이다. 사람들은 회의가 진행되는 동안 온라인 카드놀이를 하거나 이메일 확인, 트위터를 하거나, 슬랙^{Slack}에 빠지거나 회의와는 무관한 '실질적인' 업무를 하면서 회의 참여를 기피하곤 한다. 각종 회의 도구들이 시각적인 커뮤니케이션과 화면 공유를 지원하더라도 참석자들의 카메라는 기본적으로 꺼진 상태다. 다시 말해, 참석자들은 회의에 집중하지 않고 숨어 있기 쉬운 환경에 노출되어 있다. 회의 참석자들과 리더들이 아무리 순조로운 협업을 원한다고 해도 이런 분위기에서는 목적 달성이 좀처럼 쉽지 않다. 아마 독자들도 비슷한 경험을 해보았을 것이다.

하지만 양질의 원격 회의는 얼마든지 가능하다.

2018년 남아프리카공화국 더반에서 열린 지역 스크럼 개더링Regional Scrum Gathering 행사에서 이 책의 저자인 제이 앨런과 커스틴을 만날 기회가 있었다. '원격 퍼실리테이션 파헤치기Hacking Remote Facilitation'라는 그들의 발표 주제가 내 흥미를 끌었던 탓이다. 퍼실리테이션에 대해서는 어느 정도 지식이 있었지만 다른 이들의 연구 결과를 들어보는 것도 흥미롭겠다는 생각이 들었다. 어쩌면 몇 가지 유용한 팁을 얻을지도 몰랐다. 예상은 적중했다. 그들은 내가 지금껏 연구해온 원격 퍼실리테이션 기법 가운데 최고의 조언을 제공했고, 발표 주제는 어디에서도 듣지 못한 실질적인 내용이었다.

이 책에는 원격 회의를 더욱 참여적이고, 몰입적이고, 유용하게 운영하는 방법이 자세히 설명되어 있다. 저자들이 제시하는 다채로운 아이디어들은 외부에 알려진 피상적인 방법들보다 훨씬 더 깊이 있는 지식을 제공한다.

제이 앨런과 커스틴은 사람들이 협업할 수 있는 원격 공간에 대한 올바른 인지를 토대로 그들만의 고유한 기법을 개발했다. 책에는 그들의 가치와 경험이 응축된 여섯 가지 원칙이 담겨 있다. 각각의 원칙을 실행하는 방법은 인간의 뇌 기능과 관련된 과학과 깊은 연관성이 있다. 저자들은 효과적인 협업을 위해 필요한 요소들을 완벽하게 풀어냈다.

이 책은 단순히 실천 방법만 알려주고 끝내지 않는다. 왜 그 방법들이 효과가 있는지 명쾌하게 설명한다. 책의 내용을 충분히 학습하고 나면 독자들 역시 원격 회의를 운영하는 고유의 기법을 갖추게 될 것이다. 또한 상황과 배경에 맞게 기법을 조율하고, 수정하고, 새롭게 만들 수 있는 유용한 지식을 얻게 될 것이다.

협업은 창조적인 작업의 핵심이지만 알다시피 협업이 항상 순조롭게 이루어지는 것은 아니다. 협업은 상호 간에 다른 관점을 주의 깊게 경청하고, 서로 조화를 이루고, 건설적인 갈등을 통해 조직을 위한 최종 결정에 도달하는 과정이다. 조직은 때로 대면 회의를 진행할 때조차 악화된 관계와 불확실한 결과 탓에 골머리를 앓는다. 원격 회의는 이러한 문제를 더욱 악화시킨다.

문제가 방치되면 결국 조직은 시간과 비용 낭비에 허덕

이게 된다. 더 최악은 원격 협업이 야기하는 문제를 극복하지 못하면 직원들의 업무 성과 역시 곤두박질친다는 점이다. 회의 중에 딴생각을 하고 어영부영 시간만 때우다 회의를 끝내는 직원들이 늘어난다. 이런 환경에서는 창의적인 해결책과 시장을 바꿀 만한 혁신을 창출하는 우수한 인재들도 쉽게 열정을 잃게 된다.

원격 환경에서의 협업과 창의성은 도달 불가능한 목표가 아니다. 원격 회의도 대면 회의만큼 참여적이고 생산적일 수 있다. 부디 독자들이 책에서 그 방법을 배워가기를 바란다.

에스더 더비Esther Derby
미네소타 덜루스Duluth, MN

모두가 벙어리처럼 침묵한다.

심장이 두근거린다.

평소에는 회의에서 이 정도로 긴장하지 않는다.

방금 누가 무슨 말을 했지?

원격 회의에서는 기운이 모조리 빠져나가는 것 같다.

참석자들 중 극히 일부만 의견을 낸다.

이번 회의는 지난 번보다 더 몰입할 수 있기를 바랐다.

하지만 현실은 그렇지 않다.

위 장면이 친숙하게 느껴진다면 우리는 한배를 탄 셈이
다. 시작부터 방향이 틀어진 원격 회의는 최악으로 치닫기
쉽다. 스크린에 대고 무표정한 얼굴로 입을 닫고 있는 사람
들을 향해 내 의견을 말해야 하는 것만큼 외롭고 위축되는
감정은 없을 것이다. 어떻게 하면 양질의 원격 회의를 운영

할 수 있을까? 우리는 독자들이 보다 질 높은 원격 회의를 운영할 수 있도록 돕고자 이 책을 썼다. 원격 회의에 대한 올바른 인식과 계획과 연습이 더해지면 그 시간이 조직 내 협업을 위한 효과적이고 참여적이고 강력한 메커니즘이 될 수 있다고 확신한다.

부디 독자들이 책을 통해 원격 회의에 대한 올바른 시각을 갖고 새로운 영감을 찾을 수 있기를 바란다. 우리는 독자들이 원격 회의를 할 때 보다 대담해지기를 원한다. 이 책을 읽고 회의의 생산성을 높일 수 있는 실용적인 지식을 얻게 되기를 바란다. 소속된 팀들이 원격 회의에 대한 부담을 덜고 그 시간을 즐길 수 있게 되길 바란다. 그리하여 회의에서 더 훌륭한 결과를 달성하고 조직이 보다 의미 있는 회의의 결실을 거두기를 바란다. 그리고 오늘날 원격 재택근무의 증가 추세가 이 책으로 더욱 건전하게 자리 잡기를 희망한다.

왜 원격 회의인가?
조직은 수많은 상호작용과 의사결정을 토대로 만들어진

다. 보고서 작성부터 리스크 높은 프로젝트를 위한 예산 전략을 결정하는 중대한 업무까지 함께 고민하는 모든 이들의 역할이 결합되어 기업이라는 복잡한 생태계를 만들어낸다. 좀 더 자세히 살펴보면, 회의는 조직 내에서 가장 규모가 세밀하고 독립적인 협력 단위 중 하나며, 광범위하게 분산된 업무 환경에서 상호 간 가장 많은 영향을 받는다.

10년 전만 해도 원격 재택근무와 분산팀distributed teams의 개념이 시대를 앞서가는 '최첨단' 관행으로 여겨졌다. 하지만 오늘날의 추세는 판이하게 다르다. 원격 근무는 수많은 조직에서 하나의 트렌드로 자리 잡고 있다. 각국의 여러 지역에 위치한 사무실, 일과 삶의 균형을 추구하는 문화, 도심을 벗어난 지역의 기술력 부족, 혼잡한 도심 등의 요인은 이러한 세계적 추세의 일부 동인에 불과하다.[1] 전 세계의 수많은 팀과 조직들은 원격 근무에서도 평소와 같은 수준의 효과와 만족을 얻기 위해 고군분투하고 있다.[2] 우리는 원격 회의의 질적인 측면에 초점을 둠으로써 조직의 성과를 획기적으로 개선할 수 있다고 믿는다.

누구를 위한 책인가?

독자들이 노련한 회의 촉진자든, 신참내기든, 팀 회의를 개선하고자 하는 평범한 직장인이든 상관없이 이 책은 원격 회의에서 더 많은 가치를 얻고자 하는 이들을 위해 썼다. 책에서 우리는 원격 협업의 복잡성을 해소하고 올바른 회의 촉진자의 행동에 주된 초점을 둘 계획이다. 또한 회의 촉진자의 올바른 역할과 숙련된 원격 퍼실리테이션이 가져오는 긍정적인 기회를 자세히 살펴봄으로써 촉진자/리더/팀 구성원들 모두가 조직의 효율성을 높이기 위한 원칙과 실행 가능한 방법을 활용할 수 있게 도울 것이다.

퍼실리테이션을 한 번도 접해본 적이 없거나 이 기법을 회의의 성과나 효과를 향상시키는 하나의 메커니즘으로 활용해본 적이 없는 이들을 위해 책에는 퍼실리테이션에 대한 기본 정의와 간단한 소개를 담았다. 또한 누구나 쉽게 퍼실리테이션을 배우고 적용하여 이해를 넓힐 수 있는 지침을 제시한다. 이 책에서 퍼실리테이션, 조직 효과성, 원격 재택근무를 긴밀하게 연계해 살펴볼 예정이다.

책의 활용법

이 책은 원격 회의뿐만 아니라 일반적인 퍼실리테이션과도 큰 줄기를 함께한다. 독자들이 책을 읽고 대면 회의에서 활용 가능한 퍼실리테이션 기술을 향상시키는 데 도움을 얻는다면 그 또한 기쁠 것이다. 책에 담긴 내용 중 일부는 대면 회의와도 관련이 높으며 그 가운데 특히 원격 회의와도 연결이 되는 경우 책에 해당 내용을 포함했다. 대면 회의와 관련된 내용이 나오더라도 어디까지나 서로 연결된다는 점을 상기하길 바란다.

각 장의 말미에는 이론적 이해를 넘어서기 위한 몇 가지 질문을 추가했다. 질문을 활용해 퍼실리테이션에 대해 더 깊이 생각해보는 시간을 가져보길 바란다. 퍼실리테이션은 일종의 예술이자 과학이다. 따라서 독자들이 지속적으로 연습하고 피드백을 받을 수 있는 기회를 찾는 것이 도움이 될 것이다. 퍼실리테이션이 비교적 낯선 개념이라면 (원격) 촉진자의 역할을 자세하게 서술한 장을 참고 바란다. 우리는 독자들이 책에서 배운 내용을 보충하기 위해 퍼실리테이션 기법을 현실에 적용해 직접 실험해보기를 권장한다.

책에는 사회심리학, 신경과학, 퍼실리테이션 등 몇 가지 학문이 결합되어 있다. 이론적 배경은 다소 복잡할 수 있지만, 책에는 비교적 현실적이고 실용적인 내용을 담았다. 부가적인 설명이 필요한 부분은 각 장에서 바로 참조로 넘어갈 수 있게 별도의 표기를 했다. 실질적인 내용에 집중하고자 한다면 생략해도 좋다. 책의 모든 장은 비슷한 구조로 구성되어 있다.

각 장의 서두는 추상적인 개념을 이해하기 위한 비유로 시작한다. 그 다음 원칙에 입각한 이론을 자세히 살펴본 뒤 경험에서 나온 실제 사례를 추가했다. 우리는 뇌의 작용에 대한 기본적인 이해가 사회적 공간을 연구하는 데 중요한 도움을 준다고 믿는다. 따라서 각 장에는 과학적인 내용을 담은 '자세히 살펴보기' 섹션이 추가되어 있다. 여기서는 신경과학 연구와 원격 회의의 관련성에 대해 설명한다. 마지막으로, 각 장의 말미에는 배운 내용을 통합하는 데 도움이 되는 질문들이 마련되어 있다. 덧붙여 학습 내용을 실제에 적용할 수 있는 방법과 기법에 대한 실용적인 아이디어를 제시하며 끝을 맺는다. 독자들이 책을 읽으면서 우리가 제시한 질문을 고찰하고, 기존에 박혀 있던 사고를 변화시키고, 원격 공간에 대한 더 깊은 이해에 도달할 수 있기를 바란다.

우리는 이 책이 원격 회의를 위한 실용적인 도구로 활용되기를 바라지만, 원격 퍼실리테이션에 대해서는 어디까지나 원칙에 입각한 접근법을 취했다. 모든 도구와 방법은 실행을 통해 의미가 생긴다는 점을 기억하길 바란다. 독자들이 방법 이면의 원칙을 탐구하면서 원격 퍼실리테이션에 대한 더 깊은 이해를 얻고 원격 공간에서 현명한 대처를 할 수 있을 것이라고 믿는다. 도구는 그 자체로 힘이 없다. 도구가 발휘하는 힘과 (긍정적이거나 부정적인) 결과는 전적으로 도구의 실제적인 적용에 달렸다.

마지막으로 세상에 똑같은 회의는 없다. 모든 회의는 각기 다른 청중과 목적이 있기 때문이다. 고위 간부 회의에서 요구되는 촉진자의 역할과 정기적인 팀 회의에서의 역할은 당연히 다를 것이다. 하지만 회의마다 고유의 전략이 필요하다고 해도 그 사이에서 명확한 구분을 끌어내기는 좀처럼 쉽지 않다. 회의 참석자들이 모두 고위 간부들이라고 해서 반드시 그 회의가 특정한 방식으로 진행되어야 하는 것은 아니기 때문이다. 이런 이유로 책에는 회의와 관련된 광범위한 전략을 담았다. 독자들이 직관을 활용해 구체적인 상황에 맞게 적절한 원칙을 적용하기를 바란다. 한 번에 하나씩 원칙을 적용해보고, 자주 피드백을 구하고, 보다 명확하게 실전에서 원칙을 적용해보는 것이 독자들의 역할이다.

저자들은 누구인가?

우리가 원격 퍼실리테이션에 접근하게 된 계기는 당시 속해 있던 조직의 니즈가 변화했던 이유에서였다. 처음에는 실험적인 마인드로 원격 퍼실리테이션에 대한 연구를 시작했다. 조직의 글로벌 확장으로 전 세계적으로 원격 오피스가 확대되었고, 기업들이 제공하는 직원 혜택의 일부로 '원격 재택근무'가 확산되는 추세였다. 조직의 촉진자와 팀 코치로 근무하면서, 우리는 이러한 전환기에 회사를 가이드하는 책임을 맡았다. 업무의 주요 목표 중 하나는 원격 회의를 실제 대면 회의처럼 인간적이고 효과적으로 만들고, 이러한 전환을 통해 조직의 생산적인 협업을 유지하는 것이었다. 우리는 시작부터 새로운 주제를 탐구하고 실험할 수 있는 기회가 주어진 것을 감사하게 생각한다.

이를 계기로 원격 상호작용을 차별화하는 요인을 연구하기 시작했다. 특히 신경과학(스크린으로 상대를 볼 때 우리의 뇌에서는 무슨 일이 일어나는가), 사회심리학(서로 다른 공간에 있을 때 집단 역학group dynamics은 어떻게 발휘되는가), 애자일(서로 얼굴을 볼 수 없을 때 상대방과의 상호작용을 우선시하는 방법은 무엇인가), 퍼실리테이션(퍼실리테이션은 복잡성 해결에 어떤 도움을 줄 수 있는가) 분야에서 답을 찾고자 노력했다. 우리는 올바른 퍼실리테이션 기법, 팀 코칭 방법, 애자일 프레임워크를 결합해 분산팀이 높은 성과를 달성할 수 있도록 전문적으로 지원하고 있다. 또한 다양한 콘퍼런스에 참여하고, 워크숍을 주최하고, 팀과 조직을 상담하고, 국제적인 원격 촉진자들로 구성된 온라인 학습 커뮤니티를 설립했다. 우리는 원격 퍼실리테이션 기술을 발전시키고, 원격 업무환경에서 기업이 한층 더 번영할 수 있도록 만드는 것에 커다란 열정을 갖고 있다.

원격 협업은
왜
어려운가?

"취약함 Vulnerability**은
힘들고 겁나고 위협적으로
느껴진다."**

브레네 브라운Brené Brown[3]

회의를 떠올리면 가장 먼저 생각나는 단어 중 하나는 '취약성'이다. 브레네 브라운은 취약성을 '불확실성, 위험성, 감정적 노출'이라고 정의한다.[4] 회의에서는 결과가 불확실하거나 결과를 달성하는 과정이 불분명할 수 있다. 만일 특정한 방향의 결과에 애착을 갖고 있다면, 아마도 자신이 가치 있다고 여기는 의견을 방어하기 위해 어느 정도의 감정적 노출을 견뎌야 할 것이다.

협업을 위한 가장 보편적인 메커니즘 중 하나인 회의는 조직을 위한 커다란 잠재력을 가지고 있다. 양질의 회의는 조직의 성과 달성 능력에 직접적인 영향을 미치기 때문이다. 하지만 동시에, 회의는 참석자들에게 극심하게 취약한 공간이 될 가능성도 있다. 이런 이유로 많은 사람들이 원격 회의에 대한 부담과 어려움을 경험한다. 기술적 장벽과 보이지 않는 집단 규범과 같은 요소들은 이미 취약한 공간에 불확실성과 위험을 배가시킨다. 이번 장에서는 원격 회의에서 흔히 발생하는 가장 보편적인 문제점을 다룬 세 가지 사례를 살펴보겠다. 또한 사회적 상황에서 인간이 위협을 인지하는 방법에 관한 신경과학 모델을 살펴본다. 원격 회의에서 발생하는 문제점을 해결하는 방법은 나머지 장들에서 설명할 것이다.

같은 사무실에서 근무하는 팀이 원격 재택근무를 시도한 사례

회사의 핵심 백엔드 기술을 연구하는 소프트웨어 기술팀의 회의에 퍼실리테이션 기법을 적용할 기회가 있었다. 기술팀은 근무 방식을 자유롭게 선택할 수 있는 권한이 있었고, 대부분의 팀원들은 긴 통근 시간 때문에 일주일에 하루는 집에서 일하기로 결정했다.

팀에서 진행하는 대면 회의는 늘 순조롭게 진행되는 편이었다. 팀원들 가운데 특히 두 명이 좀 더 적극적으로 의견을 개진하기는 했지만 대체적으로 여러 의견들이 자유롭게 오가는 회의 분위기를 유지했다. 편안하게 상호 간 의견이 전달되었기에 팀이 원하는 결과 역시 비교적 쉽게 얻을 수 있었다. 하지만 원격 회의가 진행되는 날이면 결과는 정반대였다. 원격 공간에서는 평소 유머 감각이 많았던 팀원들이 의욕을 잃거나 의도치 않게 분위기가 딱딱해지는 바람에 긴장과 어색함이 감도는 경우가 많았다. 게다가 기존 회의에서 지배적으로 목소리를 내던 두 사람이 평소보다 훨씬 더 많은 시간 동안 회의를 주도하고 있었다. 팀원들은 원격 회의에 제대로 몰입하지 못하고 쉽게 좌절감을 느꼈다.

언급한 내용들이 친숙하게 느껴질지도 모르겠다. 어쩌면 원격 공간에서 팀의 에너지가 변화하는 현상을 직접 목격한 독자들이 있을지도 모른다. 팀원들은 지난 2년 동안 함께 근무하며 신뢰를 쌓았고 원격 재택근무를 성공시키겠다는 의지도 분명했지만 원격 회의가 넘을 수 없는 산처럼 느껴졌다.

회의를 개선하는 방법을 연구하면서 원격 회의에서 극복해야 할 문제점들은 더욱 명확해졌다.

- **보이지 않는 집단 규범:** 뚜렷하게 눈에 보이는 규범을 대체하기는 쉽지만 행동을 가이드하는 암묵적인 규범은 식별이 어렵다. 예를 들어, 누군가 숨을 들이마시거나, 몸을 앞으로 기울이거나, 손을 드는 행동을 보면 일반적으로 그 사람이 의견을 내고 싶은지 감지할 수 있다. 하지만 원격 회의는 그렇지 않다. 팀이 새로운 원격 회의 규범을 정립하고 회의 참석자들의 비디오를 계속 켜두거나 '손을 들어 의견을 말하기' 등의 메커니즘을 활용한다고 해도 실제 대면 회의에서의 경험과 원격 회의는 확연히 다르다. 사회적 존재로서 사람 간의 수많은 상호작용은 명백한 규칙보다는 직관으로 이루어지는 경우가 많다. 우리가 사회적 상호작용을 하는 데 도움이 되는 모든 미묘한 세부 요소들을 규범으로 대체하기는 어렵다.

- **언어적 의사소통에 대한 과도한 의존:** 물리적으로 같은 공간에서 진행되는 회의에서는 팀원들이 의사소통 방식을 다양하게 혼합한다. 예를 들면, 직접 의견을 말하거나 포스트잇을 활용하거나 화이트보드에 글을 쓰는 방법 등을 활용해 회의를 진행한다. 이러한 행동들은 뜻하지 않게 대안적인 의사소통 메커니즘을 제공했고, 언어적 의사소통 외에 다른 방면의 소통에 능한 사람들에게도 공평한 경쟁의 장을 만들었다. 의견을 말하기 전에 충분히 생각할 시간이 필요한 사람들(내성적인 팀원들)은 사전에 자신의 생각을 노트에 적어볼 수 있었다. 이들은 의사소통이 100퍼센트 구두로만 진행되는 경우가 많은 원격 회의에서 훨씬 더 많은 스트레스를 경험했다. 시각자료의 불충분함은 때로 편향된 결과를 초래한다.

- **흐름을 끊는 기술적 장벽:** 상대방이 한 말을 놓치고 다시 말해달라고 요청하거나 더 최악으로 듣기를 포기해버릴 때마다 회의의 흐름과 집중력은 중단된다. 회의의

흐름이 끊길 때마다 참석자들의 좌절감은 고조된다.

- **추가적인 노력이 필요한 커뮤니케이션:** 대면 회의에서는 아이디어를 전달하기 위해 화이트보드를 활용하거나 제스처를 사용해 말로 전달하기 힘든 추가적인 정보를 공유한다. 그리고 이런 방법은 비교적 쉽고 빠르게 이루어진다. 반면 원격 회의에서는 팀원들이 그 역할을 대체할 만한 도구를 찾고 준비해야 했기 때문에 순조로운 의사소통이 제한되었다.

우리가 간과하고 당연시했던 작은 것들이 원격 공간에서는 더욱 극명하게 드러났다. 환경의 변화는 참석자들의 행동까지 변화시켰다. 이 문제를 해결하지 않고 방치하면 회의에 대한 비정상적 행동과 사고의 형성으로 이어질 수 있었다.

자세히 살펴보기

신경과학을 활용해 원격 협업의 도전 과제 이해하기

회의는 사회적 공간이다. 사회적 행동의 신경과학적 측면은 인간의 사회적 행동을 개선하기 위한 효과적인 방법을 개발하는 데 기초적인 역할을 한다. 2008년에 데이비드 록David Rock은 통찰력 있는 사회적 인식 모델을 개발했다. 스카프SCARF라고 불리는 그의 모델은 인간의 뇌가 위협을 피하고 보상을 추구한다는 이론에 기초하고 있으며, 기본적으로 뇌는 인지된 위협을 식별하고 그에 반응한다고 주장한다. 그의 연구에 따르면, 의도적으로 우리의 뇌가 상황을 긍정적으로 인식할 수 있는 조건을 만들지 않는 이상 우리의 뇌는 부정적인 것을 먼저 파악할 가능성이 높다고 한다.

스카프 모델[5]은 인간이 위협이나 보상을 예측하

게 하는 다섯 가지 요소들의 약어이다. 우리는 이 요소들이 원격 공간에서 경험하는 여러 문제점을 이해하는 데 도움이 된다고 믿는다. 회의 참석자들은 각기 다른 요소들에 대한 니즈가 있으며, 원격 공간은 이러한 개별 요소들의 충족을 더욱 복잡하게 만든다. 먼저 다섯 가지 요소를 살펴보자.

1. **지위**Status: 스스로를 얼마나 중요하고 가치 있다고 느끼는가? 스스로가 열등하고 제대로 인정받지 못한다고 느끼면, 뇌는 감지된 위협에 반응하기 때문에 회의에서 최상의 능력을 끌어낼 가능성이 낮아진다. 원격 회의에서 누군가가 의견을 내지만 나머지 팀원들이 계속 그 의견을 무시하게 되면 당사자는 소외감을 느낄 수 있다. 기술적 결함 때문일 수도 있지만, 의견을 낸 사람은 자신을 열등하게 느끼고 회의의 몰입에 부정적인 영

향을 받게 될 가능성이 높다.

2. **확실성**Certainty: 주어진 상황은 얼마나 확실한가? 확실성을 중요시하는 사람들에게 주어진 상황의 정보가 불충분한 경우 잘못된 결론에 이를 수 있다. 이러한 현상은 대개 부정적인 결과(뇌의 기본 설정값)를 초래한다. 예를 들어, 상대가 정보를 제대로 알려주지 않는 이유는 우리 팀이 그 정보에 대해 모르기를 원해서라고 오해하는 상황을 가정해보자. 실제로는 상대가 단순히 정보 공유를 잊어버렸을지도 모른다. 원격 회의에서는 보이지 않는 집단 규범을 파악하기 어렵다. 어떤 이들은 명확성과 확실성의 결여를 위협으로 인식한다. 이런 경우라면 모든 참석자가 원격 회의에 몰입하기는 힘들지 않을까? 원격 공간에서 어떻게 행동해야 할지 모르는 상황이 야기하는

모호함은 자연스럽게 취약성으로 이어진다.

3. **자율권**^{Autonomy}: 주어진 상황에서 얼마나 많은 통제권을 갖고 있다고 느끼는가? 사람들은 대개 어느 정도의 선택권이 없이는 통제가 불가능하다고 느낀다. 이런 상황 역시 누군가에게는 매우 위협적으로 인식될 수 있다. 언어적 의사소통을 지나치게 강조하는 원격 회의를 떠올려보자. 언어적 의사소통을 제외한 다른 종류의 소통에 능한 사람들은 이 공간에서 자율과 권한을 덜 느끼게 되고, 그들의 기여가 쉽게 허용되지 않는 환경에서는 위협을 느끼거나 배척당하는 기분을 느낄 수 있다.

4. **관계성**^{Relatedness}: 주변 사람들과 얼마나 가깝고 연결되어 있다고 느끼는가? 소속감을 느끼지 못하

거나 '그룹 내부'에서 배제되는 것은 누군가에게 엄청나게 고통스러운 경험이 될 수 있다. 원격 공간에서는 집단 규범들이 보이지 않게 형성되기 때문에 참석자들 간에 서로 가깝고 연결되어 있다고 느끼기가 힘들다. 소속감에 대한 욕구가 높은 사람들은 원격 공간을 훨씬 더 취약하게 느낄 수 있다.

5. **공정성**Fairness: 주어진 상황이 얼마나 공정하고 평등하다고 느끼는가? 보너스를 받은 사실이 진심으로 기뻤지만 바로 옆 동료가 더 많은 보너스를 받았다는 사실을 알게 되자 기쁨이 반감된다.[6] 이처럼 어떤 사람들에게는 공정성이 매우 중요한 요소다. 원격 회의에서 목소리가 큰 사람이나 더 자신감 있는 팀원을 지지하는 행동은 누군가에게 불공평한 인식을 불러일으킬 수 있

다. 마찬가지로, 회의 참석자 중 누군가가 기술적인 문제와 씨름하느라 회의에서 뒤처진다면, 그 사람은 이 상황을 불공평하게 느끼고 뇌는 효용성이 떨어지는 상태를 지속하게 된다.

모두가 두려워하는 회의 사례

몇 년 전 우리는 글로벌 금융 기술회사와 함께 일했는데 그 회사에서는 매주 전 세계에 근무하는 직원들이 원격으로 회사의 최우선 당면 과제를 논의했다. 회의 참석자들은 아프리카, 유럽, 아시아 전역에 퍼져 있었다. 당시 회의의 주관을 맡은 담당자는 퍼실리테이션 경험이 없었다는 사실을 감안하고 사례를 살펴보자. 회의는 주로 참석자들의 자료화면 공유로 시작되었다. 프로젝트 진행 상황을 설명하고, 질문에 답하고, 프로젝트를 지연시키는 상황이 발생하면 이를 정당화하는 자료를 화면에 공유 했다. 원격 회의에는 30~40명 정도가 참여했다. 회의 주최자는 모든 참석자가 회의에 집중하는지 확인할 수 있도록 비디오를 켜는 것이 좋겠다고 제안했다.

업무 현황을 보고하는 회의는 어느 조직에서나 비교적 흔하다. 하지만 이런 종류의 회의는 대개 위협적이고, 불안하고, 방어적으로 느껴지는 경우가 많다. 이 회의에서 특히 안타까웠던 점은 단순히 현황 보고 회의의 어려움을 넘어 분위기의 문제였다. 회의 내용과는 관계없이 분위기가 긴장되고 딱딱했다. 이러한 긴장감은 회의의 핵심 주제에 전혀 도움이 되지 않는 행동들로 이어졌고, 결국 원치 않는 결과가 초래되기도 했다.

- 평소 긍정적이고 업무에 몰입했던 팀원들은 방어적이고 내향적이 되거나 극단적으로 공격적인 성향으로 변했다.
- 회의가 진행되는 동안 정보가 원활하게 흐르지 않아 팀원들이 쉽게 좌절하거나 집중하지 못했다.

원격 환경은 회의 참석자들의 행동에 커다란 영향을 미쳤다. 회의가 순조롭게 진행되지 않기를 바라는 사람은 아무도 없었다. 하지만 누구도 회의가 이렇게 비효율적으로 끝난 이유를 알지 못했다.

이 사례는 원격 회의에서 흔히 발견되는 네 가지 추가적인 문제점을 드러냈다.

- **고립감은 두려움을 배가시킨다.** 직원들이 원격 회의에 참여했을 때는 이미 모두가 긴장한 상태였다. 회의에 대한 부정적인 소문이 이미 널리 퍼진 상태였기 때문이다. 회의에서 격한 논쟁이나 적대적인 비난이 오가면 혼자라는 고립감과 분리된 감정이 두려움을 더했다. 물리적으로 같은 공간에 모여 회의를 하면 참석자들은 서로 얼굴을 보며 유대감을 느낄 수 있지만 원격 회의에서는 모두가 각자의 공간에서 상대가 무슨 생각을 하고 어떤 감정을 느끼는지 궁금해 한다. 이런 불확실성과 '분리'의 감정은 두려움을 가중시킨다. 스카프 모델에서 언급한 바와 같이 관계성에 대한 욕구가 높은 사람들은 특히 이런 점에서 어려움을 겪는다.

- **잦은 멀티태스킹은 비용을 초래한다.** 원격 회의에서 멀티태스킹은 비일비재하다. 이번 사례에서 우리는 원격 회의에 참여했던 직원의 약 80퍼센트가 별도의 인터넷 탭을 열어놓고 멀티태스킹을 했다는 사실을 발견했다. 대면 회의에서는 집단 규범이 존재하기 때문에 대부분의 사람들이 집중하는 경향을 보인다. 누군가 옆에서 스마트폰을 만지작거리면 누가 봐도 딴짓을 한다는 것을 쉽게 눈치 챈다. 그러나 원격 회의에서는 마음만 먹으면 언제든 딴짓이 가능하다. 멀티태스킹이 회의에 미치는 결과는 뻔하다. 팀원들은 회의의 흐름을 잃고 부적절하거나 불완전한 정보에 반응한다. 결국 다음과 같은 부정적인 결과를 초래해 회의 진행을 더욱 어렵게 만든다.

- 다른 회의 참석자들의 좌절감을 야기한다.
- 질 낮은 회의 결과를 초래한다.
- 일부 참석자들은 멀티태스킹을 공정성에 대한 위협으로 인식한다. 즉, 모든 참석자가 회의에 같은 노력을 쏟지 않는다는 사실에 불만을 느낀다.

● **촉진자의 권한이 과도하게 확장된다.** 촉진자들은 회의에서 무형의 권력을 쥐고 있다. 참석자들은 때로 자연스럽게 촉진자의 제안을 따르거나 그들의 생각에 쉽게 휘둘린다. 촉진자가 중립적인 태도를 유지하는 것이 특히 중요한 이유는 바로 이 때문이다. 촉진자는 회의 참석자들이 스스로 해결책에 도달할 수 있도록 독려하는 역할을 해야 한다. 원격 회의에서는 의식하지 못한 사이에 촉진자가 그룹에 과도한 영향을 미칠 수 있다는 점을 기억하자. 원격 공간의 취약성 때문에 사람들이 평소보다 더 긴장하고 자신 없는 태도로 임하게 되면, 촉진자(또는 회의를 중재할 만한 권위자)에게 훨씬 더 의존성을 보인다. 마찬가지로, 촉진자의 제안이 근거 없이 채택될 가능성이 높아짐에 따라 다른 참석자들은 의견 제기를 주저하게 되고 결과가 왜곡될 가능성도 발생한다. 누군가는 이를 자신의 지위(그룹에서 내 의견보다 다른 이들의 의견을 중요시한다), 자율성(내가 원하는 대로 의견을 내기 힘들다), 공정성(모든 사람의 의견이 공정하게 받아들여지지 않는다)의 위협으로 받아들일 수 있다.

● **대면하지 않으면 불확실성이 발생한다.** 우리가 원격 회의에서 자주 관찰하는 패턴은 공간의 모호성과 통제의 결여가 때로 더 통제적인 행동의 출현으로 이어진다는 것이다. 예를 들어, 참석자 중 누군가는 사람들의 표정이나 행동을 볼 수 없다는 이유로 '통제가 불가능한' 상태라고 느끼고 참석자들에게 모두 비디오를 켤 것을 지시한다. 이는 개인의 자율성(자신에게 원격 공간에 참여하는 방법에 대한 통제력이 없다고 느낀다)과 회의 분위기 모두에 영향을 미친다. 원격 공간에서는 이미 취약성이 기본으로 깔려 있다. 과도한 권한 남용은 참석자들이 때로 취약성에 더 많이 노출되었다고 느끼는 계기가 된다. 비디오를 켜는 것이 누군가에게 불편함을 준다면, 계속된 강요는 참석자들의 자율성에 직접적인 위협이 된다. 결국 창의적으로 사고하는 능력에 악영향을 미친다.

이처럼 취약성을 전제로 한 회의가 원격 공간에서 진행되면 취약성은 더욱 심각해지고 참석자들의 두려움은 악화된다. 회의 촉진자가 이를 인식하고 취약성을 완화시키는 방법을 강구하지 않으면 양질의 사고와 결과에 도달할 가능성은 매우 낮아진다. 하지만 지나친 걱정은 접어두자. 원격 공간에도 쉽게 적용할 수 있는 희망적인 해결책이 존재한다. 다음 장에서 그 내용을 자세히 살펴보겠다.

전면 원격 프로젝트 킥오프 사례

프로젝트의 시작은 팀 내 상호작용을 위한 분위기를 형성하는 데 결정적인 역할을 한다. 이번 사례는 유럽과 케냐에 퍼져 있는 모바일 기술 개발팀의 프로젝트 개시에 관한 내용이다. 당시 주요 이해관계자들은 남아프리카에 있었다. 이 프로젝트는 조직에서는 처음으로 다양한 팀들 간의 커뮤니케이션과 외부 서비스 제공업체와의 조정 업무를 수반했다. 먼저 우리는 직원들이 서로를 잘 알지 못하는 상태고 이전에 함께 일했던 적도 없다는 사실을 고려했다. 회의의 목적은 모든 업무 관련자들이 프로젝트의 목표를 이해하고 프로젝트 전반에 걸쳐 각자의 역할을 확실히 인지하도록 만드는 것이었다. 프로젝트 시작 단계에서 공정성, 관계성, 자율권에 문제를 제기하는 흥미로운 도전 과제가 제시되었다. 먼저 내용을 살펴보자.

- **모든 사람이 같은 언어를 사용하는 것은 아니다.** 모국어가 다른 세 나라와 함께 일하는 것은 회의 참석자들이 영어에 능숙한 정도가 각기 다르다는 것을 의미했다. 또한 회의 참석자가 20명 이상인 상황에서 모든 이들의 의견을 공정하게 듣는 것 역시 쉽지 않은 일이었다. 말하는 이의 의견이 오해를 받거나 의도한 바와는 다르게 들릴 수 있다는 것에 대한 두려움은 잠재적인 화자들이 의견을 내는 상황을 훨씬 더 취약하게 만들었다. 자유로운 의견 개진이 불편한 상황이라면 얼마나 많은 의견과 생각과 제안들이 누락될까? 추가로 우리는 회의 참석자들이 상대의 의견을 이해할 수 있는 충분한 시간을 가져야 한다는 사실을 알게 되었다.

- **문화적 차이는 원격 공간에 영향을 미친다.** 문화적 차이가 미치는 영향을 이해하는 단계는 안정된 회의 공간을

만드는 결정적인 요소였다. 대표적인 문화 차이 중 하나는 리더가 팀원들을 대신해 의견을 말하는 것이 보편적인 경우였다. 이런 문화를 가진 그룹은 일반적으로 다른 나라의 팀들보다 의견 개진에 소극적이었다. 또 다른 고려사항은 참석자들이 선택한 단어와 함의였다. 우리가 저지른 한 가지 실수는 특정 활동을 묘사하기 위해 사용한 '부족tribe'이라는 단어였다. 우리 기준에서는 전혀 악의가 없었지만 이후에 알고 보니 일부 아프리카 문화권에서는 그 단어가 분열을 초래하는 함의를 담고 있었다.

- **친밀성 결여** 원격 회의는 모든 참석자가 서로를 알고 있을 때에도 진행하기가 쉽지 않다. 참석자들 대다수가 서로 모르는 상황이라면 촉진자와 참석자 모두에게 훨씬 더 힘든 시간이 될 수 있다. 촉진자로서 우리가 직면했던 도전은 회의 참석자들이 스스로를 유쾌하고 거부감 없는 방식으로 소개할 수 있도록 하는 것이었다. 참석자들 간에 기본적인 신뢰를 쌓지 못하면 사람들은 질문을

할 때마다 불안감을 느끼며 고민했을 것이다. "질문을 해도 괜찮을까?" 또는 "우려사항을 제기하면 받아들여 질까?"와 같이 말이다.

- **지금이 몇 시라고요?** 케이프타운을 베이스라인으로 표준 시간대가 두 시간 앞선 참석자들과 두 시간 느린 참석 자들이 함께 원격 회의에 참여했다. 우리는 가능한 한 모든 시간대를 잘 수용할 수 있는 적절한 시간을 찾아 야 했다. 만약 누군가의 점심시간이나 퇴근시간에 회 의를 계획한다면, 회의 공간의 에너지는 달라질 수 있 다. 일부 조직들은 훨씬 더 큰 시간 차이로 골머리를 앓 는 경우도 있다. 모든 사람을 위한 이상적인 시간을 찾 는 것은 불가능할 수도 있지만, 기본적으로 시간차에 대한 인식을 갖고 있는 태도는 참석자들의 존중을 불 러일으킨다.

원격 협업은 왜 어려운가?

이번 장에서는 원격 회의에서 협력이 이루어질 때 사람들이 흔히 직면하는 몇 가지 어려움에 대해 살펴보았다. 좌절감, 이탈감, 지루함이 여기에 해당된다. 이러한 증상은 인간의 사회적 욕구가 충족되지 않을 때에도 발생한다. 문화와 언어의 장벽, 기대치에 대한 불확실성, 보이지 않는 집단 규범, 산만함을 유발하는 여러 가지 방해요소들은 원격 회의를 할 때 직면하는 위협의 일부에 불과하다. 대면 회의든 원격 회의든 어느 정도의 도전에서 자유로운 회의는 없다. 우리는 지위, 확실성, 자율권, 관계성, 공정성에 주의를 기울임으로써 참석자들이 원격 공간을 위협적으로 인식할 가능성을 최소화하려고 노력했다. 원격 상호작용을 복잡하게 만드는 요인에 대한 올바른 인식을 갖는 것이 문제를 극복하는 첫 번째 단계다.

✔ Summary

　가장 최근에 진행했던 원격 회의를 떠올려보고 아래 예시 가운데 적합한 질문을 선택해보자. 원격 퍼실리테이션에 대한 이해가 어떻게 심화되는지 확인할 수 있도록 직접 답변을 써보는 것을 추천한다.

- ☐ 회의 참석자들이 볼 수 없는 집단 규범에는 어떤 것들이 있는가?

- ☐ 언어적 소통은 다른 형태의 의사소통과 어우러져 어떻게 균형을 이루고 있는가?

- ☐ 기술적 장벽이 회의 진행에 미치는 영향은 무엇인가?

- ☐ 참석자들을 위한 의사소통에 얼마나 많은 노력을 기울이고 있는가?

- ☐ 회의 분위기에 두려움이 조성되어 있는가?

- ☐ 회의 시간 동안 얼마나 자주 멀티태스킹을 했는가? 이 때문에 초래된 비용은 얼마나 되는가?

□ 참석자들은 회의에서 사용되는 언어에 어느 정도
의 편안함을 느끼는가?

□ 참석자들의 표준시간대를 얼마나 고려하는가?

□ 어떤 문화적 규범을 간과하고 있는가?

□ 참석자들은 서로 얼마나 친밀한가?

원격 촉진자의
역할은
무엇인가?

"한 팀의 모든 구성원들이
문제에 대한 공동의 합의를 하지 않는 한,
문제를 해결하려는 시도는
에너지를 낭비하는 일일 뿐이다."

제럴드 M. 와인버그Gerald M. Weinberg[7]

남아프리카 공화국에는 이곳의 주요 교통수단인 미니버스 택시와 관련된 독특한 문화가 존재한다(미니버스 택시는 보통 한 번에 15~25명을 태운다). 대부분의 미니버스에는 운전기사, 가치Gaatjie(가이드의 역할을 하는 사람을 가리키는 속어-역자), 승객으로 구성된 세 가지 역할이 있다. 운전기사는 가급적 최소한의 사고(사고의 정의는 개인의 해석에 맡긴다)로 승객을 A에서 B로 이동시키는 것을 책임진다. 가치의 역할은 승객들을 택시에 태운 뒤 그들의 목적지와 내리는 시간과 요금을 정확하게 인지할 수 있도록 확인하는 책임을 맡는다. 또한 승객을 태우고 이동하는 동안 주행과 무관한 모든 변수를 처리한다(제멋대로인 승객을 다루거나 언쟁을 진정시키는 역할 등). 가치는 때로 운전기사가 가는 방향이 맞는지 확인하고 승객의 요구를 토대로 운행을 멈출 수도 있다. 궁극적으로 가치의 초점은 목적지까지 도달하는 동안의 프로세스 관리에 있다.

위 예시가 퍼실리테이션에 대한 비유에 완벽히 부합하지는 않지만, 가치의 역할은 촉진자와 대체적으로 비슷하다. 그룹이 결과라는 목적을 향해 나아가는 동안 촉진자는 원격 공간을 관리하고 유지하는 역할을 한다. 촉진자는 목적지로 가기 위해 직접 운전을 하지도 않지만 가만히 앉아 있는 승객도 아니다. 가치와 마찬가지로 촉진자는 '공간'에 초점을 두고 상호 간의 소통을 원활하게 하며 궁극적으로 그룹이 함께 목적지로 갈 수 있는 조정자 역할을 한다. 또한 참석자들의 논쟁을 중단시키거나 '원격 공간의 규칙'을 명시하는 역할을 맡기도 한다. 그들의 행동은 모두 그룹의 협업을 순조롭게 하는 것을 목표로 한다.

촉진자는 논의되는 내용을 통제하기보다는 회의 참석자들의 건전한 협업과 조언이 가능한 공간을 만드는 데 초점을 둔다. 훌륭한 촉진자들은 특히 개별 아이디어와 생각의 질적인 측면에 깊은 관심을 갖는다. 그들은 그룹의 능력에 대한 강력한 믿음을 토대로 팀원들을 성공으로 이끌 수 있는 조건을 만들고 유지한다.

회의의 단계

회의를 순조롭게 촉진하는 방법을 고민한다면 〈그림 1〉과 같이 회의를 3단계로 생각해보자. 양질의 회의는 촉진자가 각 단계마다 주의를 기울여야만 순조롭게 이루어진다.

〈그림 1〉 회의 퍼실리테이션을 위한 3단계

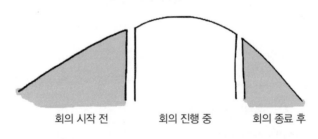

| 회의 시작 전 | 회의 진행 중 | 회의 종료 후 |

1. 회의 시작 전: 사실 퍼실리테이션은 회의가 시작되기 전

에 이미 시작된다. 그 과정에는 회의에서 기대하는 바와 목적을 이해하기 위한 이해관계자 미팅, 회의 설계 계획, 회의와 관련된 사전 자료 발송, 사전 안건 공유 등이 포함된다. 이러한 접근법을 처음 접하는 이들에게는 회의를 준비하는 데 필요한 시간의 두 배를 투자하라고 권한다. 사전에 충분한 시간을 투자하면 회의를 진행할 때 그룹 전체의 시간을 효율적으로 소비할 수 있다.

2. 회의 진행 중: 이 단계는 촉진자가 어떻게 원격 공간에서 회의를 시작하고, 안건을 소개하고, 대화를 유도하고, 그룹이 함께 생각할 수 있도록 지원하고, 회의에서 내린 결정이나 조치를 명확히 정리하고 요약함으로써 회의를 종료하는지 살펴본다.

3. 회의 종료 후: 이 단계는 회의의 최종 종료 단계를 포함하며 회의 결과의 정리자료/사진을 발송하거나 참석자들을 대상으로 회의가 진행되는 동안 요구 사항이 충족되지 못한 경우는 없는지 확인한다.

퍼실리테이션에 대해서는 갈등 패턴과 대화의 구조를 이해하는 것에서부터 언어와 퍼실리테이션의 심리적인 측면 등 다양한 주제가 수반된다. 퍼실리테이션을 하나의 기술로 접해본 적이 없거나, 회의의 질을 향상시키는 수단으로 고려해본 적이 없는 독자들을 위해, 우리는 퍼실리테이션 학습을 강력하게 추천한다. 퍼실리테이션의 기초를 익히면 원격 공간에서의 영향력을 배가시킬 수 있다.

원격 퍼실리테이션

원격 회의라고 해도 촉진자가 갖는 역할의 본질은 그대로 유지된다. 회의 참석자들이 결과에 기여하고 협력할 수 있는 여건을 조성할 책임이 그것이다. 회의에서 촉진자가 쥐고 있는 보이지 않는 권한을 감안할 때, 특정 의견을 선호하는 태도는 회의 결과를 왜곡할 수 있다. 촉진자들이 중립적이고 객관적인 자세를 유지하는 것은 모든 참석자가 스스럼없이 의견을 말하는 환경을 만드는 중요한 부분이다. 대면 회의든 원격 회의든 마찬가지다. 하지만 때로 사람들의 보디랭귀지를 볼 수 없는 원격 회의에서는 참석자들 사이의 에너지가 흥미로운 방식으로 변화하기도 한다. 원격 환경에서는 공간의 취약성이 증폭되기 때문에 촉진자의 암묵적인 권한이 더욱 강력해보일 수도 있다.

기업 입장에서는 전담 촉진자를 별도로 고용하는 것을 일종의 사치라고 여기는 점을 이해한다. 대부분의 조직들은 퍼실리테이션을 전문적인 역할로 인식하지 않고 일종의 활동으로 여기는 경우가 많다. 하지만 회의에 참여하면서 동시에 촉진자의 역할을 맡을 때 중립적인 태도를 유지하기는 거의 불가능하다. 회의에서 두 가지 역할을 동시에 맡을 때에는 사전에 역할의 양분성을 충분히 이해한 뒤 행동에 주의를 기울여야 한다.

그룹의 문제해결 능력에 대한 신뢰

원격 공간이 야기하는 불확실성과 취약성은 촉진자로 하여금 공간을 통제하여 과도하게 행동을 교정하려는 함정에 빠지기 쉽게 만든다. 회의를 준비하고 주도하는 활동은 회의의 세부적인 사항과 결과까지 통제하려는 것과는 차이가 있다. 브레인스토밍이나 문제해결을 위한 회의를 운영하고 있다면, 참석자들이 의미 있는 결과를 도출하는 데 필요한 지식과 기술을 갖추고 있다는 믿음을 가져야 한다. 공간을 과도하게 통제하는 것은 제한적이고 편향된 결과를 초래할 뿐이다.

인간은 무한한 잠재력을 보유하고 있으며 이 능력을 끌어내는 최선의 방법은 그룹의 문제해결 능력에 대한 강력한 신뢰에서 비롯된다. 우리는 앙투아네트 코에제Antoinette Coetzee의 저서에서 이러한 신뢰의 가치를 발견했다. 물론 참석자들이 원격 환경에서 올바르게 방향을 잡으려면 회의의 구조적인 측면이 더 탄탄하게 갖춰져야 할 때도 있다. 그러나 기본적으로 과도한 통제에 대해서는 비판적으로 생각하는 태도가 필요하다. 회의를 진행할 때 촉진자가 해야 할 역할의 기준과 그룹이 가진 능력의 정도를 파악하는 과정은 지속적으로 이루어져야 한다.

원격 회의 게릴라 퍼실리테이션

아주 서서히 방향이 틀어지고 있는 회의에 참여해본 적이 있는가? 회의 참석자들도 문제를 인식하고 있지만 어떻게 해야 할지 모르는 상황이다. 참석자 중 누군가는 핵심을 벗어난 대화 내용과 회의 주제를 모두가 다르게 해석하고 있다는 느낌을 받을 수도 있다. 우리는 이런 상황에서 반드시 기존의 퍼실리테이션 기법이 아니더라도 긍정적인 방향으로 선회하는 것이 가능하다고 믿는다. 카라 터너[Cara Turner]는 이런 종류의 퍼실리테이션을 '게릴라 퍼실리테이션[guerilla facilitation]'이라고 칭했다. 게릴라 퍼실리테이션은 회의 공간을 복잡하게 만드는 요인의 수가 대면 회의보다 훨씬 더 많은 원격 회의에서 특히 중요하다.

회의에서 특정 패턴이 눈에 띄기 시작하는 경우 그 행동 패턴을 다시 그룹에 환기시키는 방법으로 회의를 정상 궤도에 올려놓는 것이다. 예를 들어 "지금 루이즈가 의견을 내고 있는데 목소리가 안 들려요. 저만 그런가요?" 이런 식으로 참석자들이 잠시 멈추는 시간을 갖게 하면 다시 회의에 집중할 기회가 주어진다. 또한 앞으로의 대화에 사람들이 더 의도적으로 주의를 기울일 수 있게 만든다.

게릴라 퍼실리테이션은 세심한 관찰과 호기심이 요구되며, 참석자들에게 이전에는 주어지지 않았던 선택권을 제공하는 진지한 질문이 필요하다. 대화에서 관찰되는 특정 패턴을 알아차리고 이를 그룹에 다시 환기시키는 방식으로 회의의 분위기를 전환할 수 있다. 또는 회의에서 필요하다고 생각하는 방식을 활용하기도 한다. 대화가 핵심을 벗어나고 있다면 남은 회의 시간을 고지해 경각심을 불러일으키는 방법도 있다. 혹은 회의 중에 느껴지는 전반적인 혼란이나 갈등에 대한 의견을 낼 수도 있다. 이를 통해 대화를 보다 솔직하고 개방적인 방향으로 이끌게 된다. 이처럼 다양한 퍼실리테이션 기법을 활용하면 회의에서 관찰되는 에너지를 이해하는데 많은 도움을 받는다. 또한 그 정보를 활용해 참석자들의 협업을 이끌어내는 바람직한 회의 분위기를 조성할 수 있다.

회의의 종류나 성격이 다른 경우

마지막으로, 퍼실리테이션은 회의의 종류나 성격에 따라 달라질 수 있다는 점을 언급하고 넘어가겠다. 촉진자에게 필요한 요건을 이해하는 방법은 다음 사항을 고려하는 것이다.

1. 그룹의 규모 (상대적으로 서로 친밀한 소규모 그룹인가? 아니면 서로 다른 장소에서 원격 회의에 참여하는 사람이 300명 이상인가?)

2. 필요한 협업과 참여의 종류 (회의의 목적이 단순한 정보 공유이기에 사람들의 참여가 거의 필요 없는가? 아니면 아이디어를 함께 창출하기 위한 목적이 있는가?)

다음의 〈그림 2〉에서 보는 것처럼, 성격이 다른 공간에서는 촉진자의 행동도 그에 맞게 달라져야 한다. 예를 들어, 퍼실리테이션에 대한 인식이 원격 회의의 질을 향상시키는 것은 사실이지만, 단순한 정보 전달을 목적으로 하는 회의에는 퍼실리테이션이 거의 필요하지 않다. 우리가 언급한 원칙과 기법들은 다양한 회의 상황에 적용되지만 회의의 성격에 맞는 방법을 선택하는 것은 독자들의 몫이다.

〈그림 2〉 회의의 종류가 다른 경우

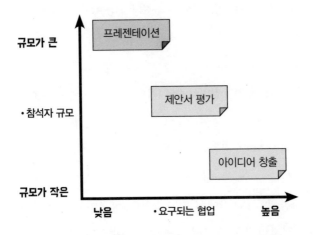

• 언택트 리더십 가이드 •

Summary

　원격 회의가 야기하는 도전적인 환경과 이 공
간에서 참석자들이 위협을 인지할 가능성이 증가
한다는 점을 고려하면, 원격 퍼실리테이션은 일반
적인 퍼실리테이션과는 미묘한 차이를 보이는 게
당연하다. 촉진자의 핵심적인 책임은 그대로지만
상황에 따라 기법의 적용과 초점이 달라진다. 이
번 장에서는 퍼실리테이션의 구조와 촉진자가 회
의에 접근하는 방법을 살펴보았다. 접근법에는 필
요한 사전 작업 수행, 회의가 진행되는 동안 포괄적
인 협업 환경 유지, 회의가 종료된 후에는 지속적인
후속 작업 수행이 있다.

　이어질 장에서는 촉진자/리더/팀원들이 원격
회의의 난관을 원만하게 대처해나가게 하고 그러
한 도전을 기회로 바꾸는 여섯 가지 원칙에 초점을
둔다. 우리의 핵심은 원격 퍼실리테이션이다. 선진
화된 퍼실리테이션 기법을 회의에 적용하려면 퍼

Summary

실리테이션의 기초를 이해하는 데 시간을 투자하는 것이 바람직하다는 점을 강조하고 싶다.

운영 책임을 맡은 회의와 관련해 아래 질문들 가운데 한두 가지를 골라 생각할 시간을 가져보자.

- ☐ 이 회의는 어떻게 준비했는가?

- ☐ 개별 참석자들은 회의에서 기대하는 역할을 인지하고 있는가?

- ☐ 참석자들이 회의에 순조롭게 기여할 수 있도록 어떤 조치를 취했는가?

- ☐ 참석자들의 표준시간대를 고려했는가?

- ☐ 참석자들이 비디오를 켜지 않기로 했다면 회의의 분위기와 에너지는 어떻게 파악할 수 있을까?

- ☐ 회의가 끝나면 어떻게 회의를 마무리할 것인가?

공정한 기회를
만들어라

**"적극적으로 참여하지 않으면
의도치 않게 소외될지도 모른다."**

재퀴 그레이$^{Jacqui \ Grey}$ 박사 [8]

사파리 여행을 떠난다고 상상해보자. 비포장도로가 끝
없이 펼쳐지고 이따금씩 등장하는 웅덩이와 진창으로 뒤덮
인 지역을 지나 수풀 어디에서 맹수들이 갑자기 튀어나올지
모르는 상황이 머릿속에 떠오른다. 이런 경우라면 사파리에
서 타고 있는 이동 수단의 종류가 여행 경험에 적잖은 영향
을 미칠 것이 분명하다. 이제 세 사람이 사파리 여행을 떠난
다고 가정해보자. 한 사람은 사파리 지역에 최적화된 튼튼한
사륜구동 자동차를 타고 있다. 다른 한 사람은 페라리를 타
고 있고, 나머지 한 사람은 자전거를 타고 사파리 여행을 시
작한다. 세 명 가운데 누가 가장 최고의 사파리 경험을 할 것

같은가? 여행자들이 타고 있는 각기 다른 이동 수단이 사파리 여행 경험에 미치는 영향은 어떻게 다를까?

사파리에서 이동 수단은 여행자들이 자신의 주변을 경험하는 중요한 매개체다. 원격 회의도 이와 비슷하다. 회의 참석자들 역시 모두 제각기 다른 환경과 맥락에서 회의에 참여하기 때문에 모두가 다른 경험을 하게 된다. 물리적으로 같은 공간에서 참석자들이 직접 대면해 대화를 나누는 회의는 모두가 비교적 순조로운 경험을 하게 될 가능성이 높다. 하지만 원격 회의는 상황이 좀 다르다. 마이크로 상대방과 소통하고 비디오 화면을 통해 화이트보드를 관찰해야 하는 회의 참석자들은 때로 낡은 자전거를 타고 맹수들이 도사리고 있는 사파리에서 고군분투하는 기분을 느낄지도 모른다. 나머지 사람들은 기능을 뽐내는 사륜구동 자동차를 타고 앞서가고 있을 때, 혼자 뒤처져 낡아빠진 자전거를 타고 있다면 진정으로 여행을 즐기기는 어려울 것이다.

누군가 특정 문제를 해결하려는 목적으로 회의에 초대되거나 의사결정 과정에 관여하고 있다면, 그들은 어떤 형태로든 결과에 기여할 만한 자질을 갖춘 사람일 가능성이 크다.

그렇기에 그들의 참여는 안전하고 순조롭게 이루어져야 한다. 문제를 해결하는 데 누가 관여하는지는 문제를 해결하는 방법만큼이나 중요하다. 우리는 효과적인 회의의 전제조건이 적합한 사람들의 참여 여부라고 믿는다. 따라서 회의에 참석하는 모든 이들의 목소리를 경청하는 것은 매우 중요하다. 물론 그들 모두가 결과에 대해 동일한 권한이나 영향력을 행사하는 것은 아니지만, 회의 촉진자는 가능한 한 모든 개개인들이 자신의 목소리를 공정하게 낼 수 있는 기회를 만들어야 한다.

회의 참석자들 모두가 결과에 기여할 수 있는 공정한 기회를 만드는 것이 중요한 이유는 다양하다. 회의에서 오로지 두 사람만이 대화를 지배하는 경우를 생각해보자.

- 나머지 참석자들이 결과를 이끌어내기 위한 대화에 참여하는 것이 허용되지 않는 경우, 그들이 결과를 옹호하거나 적극적으로 실행할 가능성은 어느 정도일까?
- 다른 참석자들의 의견과 목소리를 듣지 못하게 되면 어떤 기회를 놓치게 될까?

● 편향된 결과는 회사에 얼마나 많은 비용을 초래할까?

　일부 회의 참석자들이 목소리를 내지 못하고 소외를 당하면 팀 내 동기부여와 양질의 사고는 부정적인 영향을 받는다. 반대의 경우도 마찬가지다. 동기부여와 양질의 사고 없이는 팀원들의 적극적인 참여를 이끌어 낼 수 없다. 따라서 회의 촉진자는 참여와 기여의 기회가 균등하게 존재하는 회의를 설계하고 개최하는 방법을 고려해 회의 결과의 질을 향상시키는 역할을 해야 한다.

자세히 살펴보기

뇌와 신체적 고통

실제적으로 동등한 참여기회를 만들 수 있는 방법을 설명하기 전에, 그러한 기회를 박탈당하는 개인이 겪는 주관적인 경험 이면에 숨겨진 현상에 대해 좀 더 자세히 살펴보겠다. 아마 독자들은 퍼실리테이션 책에서 '신체적 고통'이라는 제목을 보게 되리라고는 상상도 못했을 것이다. 부디 이번 장을 읽은 뒤 누군가의 기여가 뜻하지 않게 (또는 의도적으로) 무시되는 순간들을 다른 시각에서 바라볼 수 있기를 기대한다.

실수로 레고 블록을 밟아본 적이 있는가? 그 순간 몸 전체로 퍼지는 고통은 뇌의 전대상 피질anterior singular cortex이라고 불리는 영역으로 가는 혈류를 증가시킨다. 동시에 이러한 고통은 전전두엽 피질pre-frontal cortex(복잡한 인지 기능을 담당하는 뇌의 부분)로 가는 혈류량을 감소시킨다. 간단히 말해, 인간은 극심한 고통을 겪을 때 양질의 복잡한 사고를 하는 능력이 감소된다.

그렇다면 우리가 사회적 고통을 경험할 때 뇌에서는 어떤 일이 벌어질까? '상처받은 마음과 부러진 뼈: 사회적 고통과 신체적 고통의 유사성에 대한 신경학적 관점Broken Hearts and Broken Bones: A Neural Perspective on the Similarities Between Social and Physical Pain'이라는 제목의 한 연구에서 아이젠베르거[9]는 인간이 소외감을 느낄 때 뇌의 어떤 부위가 활성화되는지 살펴보았다. 그 결과, 인간이 사회적 고통과 신체적 고통을 경험할 때 활성화되는 뇌의 경로가 동일한 것으로 드러났다. 바로 전대상 피질의 등 쪽 부분이 똑같이 활성화되는 것이었다. 소외, 고립, 거부의 감정이 모두 '사회적 고통'의 한 형태라는 점을 감안하면 연구 결과는 매우 흥미롭다. 앞에서 언급한 바와 같이, 어느 한 사람의 목소리만이 회의를 주도하고 다른 이들의 의견은 뜻하지 않게 또는 의도적으로 무시되는 분위기라면 동기부여는 물론 고차원적인 사고 역시 제대로 발휘되지 못한다. 이로 말미암아 회의에 참석한 사람들 중 일부는 소외의 감정과 경험을 일종의 고통으로 인식하게 되는데, 그러한 상황에서 우리의 뇌는 복잡한 추론이나 사고를 위한 최적의 상태와는 한참 거리가 멀어진다.

원격 회의의 종류

회의에 참석하는 모든 이들이 사륜구동 자동차를 타고 사파리를 달리는 여행자들처럼 최상의 경험을 하는 방법을 고안하려면 회의 촉진자는 먼저 원격 회의의 종류를 올바르게 인식해야 한다. 원격 회의에 참여하고 기여할 수 있는 동등한 기회를 만드는 방법은 회의의 유형에 따라 달라지기 때문이다. 일반적으로 원격 회의에는 다음 세 가지 유형이 존재한다(회의의 내용과는 무관하다).

1. **단독 원격 방식**Solo remoting : 외부 참석자들 중 일부가 각자 다른 곳에서 원격으로 전화를 걸고, 같은 회의실에 있는 나머지 참석자의 대다수는 하나의 화면/오디오/비디오로 외부의 원격 참석자들과 연결해 회의를 진행한다.

2. **하이브리드 방식**Hybrid : 한 회의실에 있는 여러 참석자 그룹들이 원격으로 하나의 통신망에 전화를 걸어 회의를 진행한다.

3. **전면 원격 방식**Fully remote : 모든 참석자가 제각기 자신의 기기/오디오/비디오를 사용해 원격으로 회의를 진행한다.

회의 참석자들에게 동등한 기회를 부여하려면 언급한 세

가지 원격 공간에서는 각각 고유의 해결책이 필요하다.

한 사람은 화면에 등장하고 나머지 참석자 그룹은 같은 회의실에서 게시판에 글을 쓰고 대화를 나누며 대면 회의를 진행하는 첫 번째 시나리오를 생각해보자. 개별적으로 원격 전화를 건 참석자는 같은 회의실에 모여 있는 다른 참석자들과는 다른 경험을 할 수밖에 없다. 오디오나 시각자료의 질적인 측면이 나머지 참석자들과의 상호작용을 방해할 수도 있기 때문이다. 최악의 경우 회의가 진행되는 동안 원격으로 전화를 건 참석자가 소외되는 일이 발생할 수도 있다. 원격 참석자는 회의에 기여하려고 애쓰지만 나머지 참석자들과 다른 경험을 할 수밖에 없는 상황이 최선이다.

방법과 기법

가능하다면 전면 원격 방식을 사용하라

원격 회의에서 힘의 불균형을 해결하는 한 가지 방법은 모든 참석자가 전면 원격 방식을 활용하도록 장려하는 것이다. 개별 참석자들이 자신의 기기를 활용해 원격 전화를 거는 방법이다. 전면 원격 방식은 여러 방면에서 회의의 수준을 높인다. 참석자들 모두에게 동등한 기회를 제공하는 완벽한 해결책은 없지만, 촉진자의 역할은 창의적으로 해결책을 모색하는 것이다. 한 공간에 모여 있는 참석자들의 인원수가 많든 적든 상관없이 모든 참석자가 원격으로 전화를 거는 방법을 추천한다.

"원격 전화를 건 사람을 제외한 다른 모든 참석자들은 서로의 표정과 보디랭귀지를 실시간으로 관찰하며 회의를 진행한다. 마치 다른 언어로 대화를 나누는 것처럼 서로 다른 경험을 하게 된다." ─ 샘 랭Sam Laing[10]

전면 원격 방식은 그룹의 동등한 참여에 대한 공동의 약속을 필요로 한다. 따라서 참석자 전원의 합의와 동의를 얻어 이 단계를 밟을 것을 권장한다. 다른 원격 회의 방식을 경험해본 참석자들에게 피드백을 요청하는 것도 도움이 된다. 예를 들어, 전면 원격 방식을 활용했을 때와 단독 원격 방식

을 활용했을 때의 경험 차를 확인해보는 것이다. 일부 조직
에서는 전면 원격 방식을 다소 과하다고 느낄 수도 있지만,
우리는 이러한 변화가 회의 참여와 결과에 불러오는 긍정적
인 가치를 직접 경험했다.

가상의 참석자

회의에서 동등한 기회를 창출하는 방법을 고려할 때, 회
의의 맥락과 목적을 올바르게 인식하는 것은 매우 중요하다.
앞에서 언급했듯이, 원격 회의가 필요하다면 전면 원격 방식
을 추천한다. 그러나 때로는 대면 회의가 혼재된 방식이 필
요한 경우도 있다. 문제의 성격상 한 명의 참석자를 제외한
나머지 모든 참석자가 한 회의실에 함께 있어야 하는 상황이
그렇다. 원격 회의 참석자들의 동일한 회의 기여도보다는 대
면 회의가 불러오는 가치가 더 큰 경우다. 보통 매우 심각한
사안일 때 대면 회의가 결합된다. 이때 맞바꾸는 단점(원격
참석자는 대면 참석자들과 같은 수준으로 회의에 참여할 수 없다)
을 인정하는 동시에 원격 참석자가 최대한 많은 변수를 해결

할 수 있는 방법을 고려한다.

위와 유사한 사례에서 우리가 몇 차례 사용한 방법은 '가상의 참석자PSEUDO BODY'라고 하는 직접적인 대체자를 활용하는 것이다. 이 방법은 비교적 비용이 많이 들기 때문에 회의의 성격이 복잡하거나 원격 참석자들의 기여를 활용하지 못해 발생하는 비용이 이해당사자들의 우려로 작용하는 경우에만 채택한다. '가상의 참석자'는 일반적으로 회의에 관여하지 않는 중립적이고 외부적인 인물이며 회의 결과에 대한 어떠한 이해관계도 없다. 이들의 역할은 온전히 원격 참석자와의 정보를 주고받는 데 전념한다. 회의의 전후 맥락과 대화를 타이핑해 원격 참석자에게 전달하고, 실제로 회의실에서 회의가 동시에 진행되는 경우 카메라를 들고 회의실을 돌아다니며 플립차트나 그 외 관련된 회의 자료를 직접 촬영하여 전달하기도 한다. 또한 나머지 참석자 그룹에게 다른 회의 참석자(원격 참석자)도 함께 회의에 참여하고 있다는 사실을 주기적으로 상기시켜주는 역할을 한다. 경우에 따라 원격 참석자의 사진을 '가상의 참석자'에게 붙이는 경우도 본 적이 있다. 유머러스한 시도지만 전반적인 참석자들의 인식에는 커다란 변화를 주는 결과를 가져왔다.

원격 참석자에게 적합한 또 다른 대안은 동등한 기회 창출에 주의를 기울일 수 있도록 회의 참석자 중 누군가를 지명하는 방법이다. 게시판에 쓰여 있는 내용을 옮겨 적거나, 원격 사용자가 의견을 낼 때 참석자 그룹이 경청하는지 확인하거나, 원격 참석자의 질문에 도움을 주는 일 등이 역할에 포함된다. 이 방법은 회의 공간에 물리적으로 존재하지 않는 참석자들이 회의 결과에 기여할 기회를 증대시키는 역할을 하는 가벼운 버전의 '가상의 참석자'라고 할 수 있다.

시작 전에 기술적인 문제를 체크하라

원격 회의를 시작하는 방법에 따라 회의의 성공 여부가 결정된다. 회의를 시작할 때 염두에 두어야 할 몇 가지 기본 사항을 살펴보겠다. 회의 참석자들이 원격 회의에 접속하기 시작하면, 촉진자가 가장 먼저 해야 할 일은 참석자들의 오디오에 문제가 없는지 확인하는 것이다. 화면을 공유하기에 앞서 참석자들이 공유된 화면을 제대로 볼 수 있는지 확인한다. 회의를 시작하기 전에 참석자들 대다수가 온라인 상태임을 확인한 뒤 기술적인 문제가 있는 사람은 없는지 다시 한 번 체크하고 모든 이들의 오디오와 시각자료가 문제없이 설정되었는지 확인한다. 모든 참석자가 문제없이 듣고 볼 수 있도록 설정하는 과정은 처음부터 모든 사람들이 회의에 올바르게 기여할 수 있도록 보장하는 가장 간단한 방법이다.

가상의 포스트잇 기능 설정

원격 회의의 현실적인 한계는 의도하지 않은 기술적 문제에서 비롯된다. 그리고 이 문제는 모든 참석자가 회의에 동등하게 기여하는 능력에 영향을 미친다. 기술적인 문제 때문에 참석자 중 누군가가 다른 이들의 의견을 들을 수 없는 상황을 떠올려보자. 그런 상황이라면 회의에 제대로 기여하기는 힘들 것이다. 이러한 문제를 해결하고자 우리는 가상의 화이트보드 역할을 하는 보조 도구를 활용한다. 통화 상태에 예기치 않은 문제가 발생한다고 해도 실시간으로 보조 도구를 활용해 회의에 기여할 수 있으며, 기술적인 문제가 해결된 이후에는 곧바로 대화에 복귀할 수 있다. 또한 언어적 의사소통을 제외한 다른 방면의 소통에 능숙한 이들에게 대체적인 의사소통 수단을 제공하기 때문에 언어적 소통에만 치우친 편견을 피할 수 있다.

혹자는 화상 채팅이나 공동 문서편집보다 가상의 포스트잇 메모(〈그림 3〉, 〈그림 4〉 참조)를 더 추천하는 이유가 궁금할 것이다. 채팅 기능이나 문서편집 도구 역시 부분적으로 참석자들이 기여할 수 있게 하지만, 수준 높은 협업에는 역부족이다. 긴 텍스트로 배열된 글(채팅 기능 등)들은 쉽게 편집하거나 다른 아이디어와 결합하거나 그룹화나 상세한 부가 설명이 불가능하다. 앞서 언급한 기능들은 원격 협업에 필수적이다. 따라서 우리는 참석자들에게 아이디어를 만들고 결합할 수 있는 선택권을 제공했다. 텍스트를 포함하지만 주변의 다른 아이디어를 결합할 수 있도록 손쉽게 드래그 가능한 형태가 적합했다. 포스트잇 메모 기능을 통해 더 복잡한 토론에서도 공동으로 아이디어를 결합하는 것이 가능했다.

〈그림 3〉 가상의 포스트잇
이 문제에서 우리가 고려해야 할 측면은 무엇인가?
우려사항, 이득, 총체적인 고려

1. 5분간 메모 작성(컬러 포스트잇 선택)
2. 그룹 논의(25분)

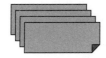 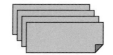 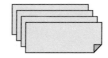

〈그림 4〉 가상의 포스트잇 채우기
이 문제에서 우리가 고려해야 할 측면은 무엇인가?
우려사항, 이득, 총체적인 고려

1. 5분간 메모 작성(컬러 포스트잇 선택)
2. 그룹 논의(25분)

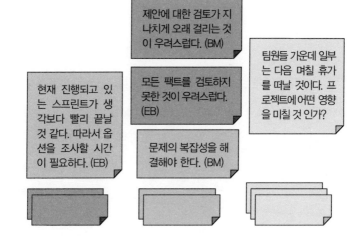

적용 방법(〈그림 3〉 참조)

- 회의 전에 실제 포스트잇처럼 보이는 직사각형 모양의 메모장을 생성한다(복사/붙여넣기로 메모장을 여러 장 쌓는다). 참석자들은 가상의 메모장 이미지를 실제 포스트잇으로 인식한다. 이미 포스트잇의 기능을 인지하고 있기 때문에 누구나 활용법을 알고 있다.

- 참석자들은 가상의 포스트잇을 활용해 5분 동안 문제에 대해 생각하는 시간을 갖는다.

- 각자의 포스트잇에 적힌 내용들에 대해 토론하기 시작한다. 토론 중에 새로운 주제가 등장할 수도 있고 아이디어들을 드래그해 쉽게 그룹화할 수도 있다(〈그림 4〉 참조).

아이디어를 글로 써볼 수 있는 시간을 허용함으로써 참석자들이 주제에 대해 생각해볼 시간을 갖게 한다. 이 방법은 서로 다른 모국어를 사용하는 그룹에게도 도움이 된다. 글을 읽는 것은 이해에 도움이 되기 때문에 언어적 의사소통에 대한 부담을 줄인다.

그룹 의견을 표현하기 위한 가벼운 메커니즘

가상의 포스트잇이 정보를 전달하고 구성하는 원격 공간에서는 참석자들이 의사결정을 할 수 있도록 하는 메커니즘이 필요하다. 점 투표(〈그림 5〉 참조)를 이용하는 것이 그 방법 중 하나다. 다음 작업 단계에 필요한 여러 선택사항들이 있는 경우, 참석자들에게 몇 개의 점을 제공해 원하는 선택사항에 점을 배치하도록 요청한다(〈그림 6〉 참조). 점 투표는 그룹의 전반적인 의견이 어느 방향을 향하는지 알려주는 가볍고 위협적이지 않은 방법이다. 결과가 나오면 촉진자는 다음 단계에 대한 통찰력 있는 데이터를 발표할 수 있다. 점 투표 결과 높은 수준의 합의가 이루어지면 추가적인 논의가 필요하지 않을 수도 있다. 반면 결과에서 의견 차가 큰 경우 문제를 이해하는 데 더 많은 시간이 필요하다는 것이 명백해진다.

〈그림 5〉 점 투표

1. 5분간 아이디어 만들기(컬러 포스트잇 선택)
2. 15분간 그룹 토론
3. 5분간 점 표시를 활용해 투표를 진행하고 결정하기
   (모든 참석자에게 3번의 투표 횟수 부여)

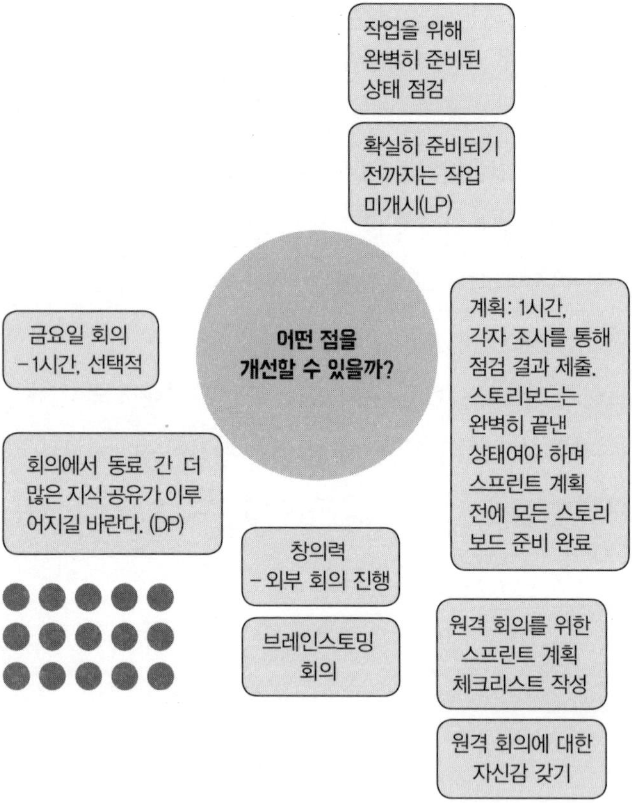

작업을 위해
완벽히 준비된
상태 점검

확실히 준비되기
전까지는 작업
미개시(LP)

어떤 점을
개선할 수 있을까?

금요일 회의
-1시간, 선택적

계획: 1시간,
각자 조사를 통해
점검 결과 제출.
스토리보드는
완벽히 끝낸
상태여야 하며
스프린트 계획
전에 모든 스토리
보드 준비 완료

회의에서 동료 간 더
많은 지식 공유가 이루
어지길 바란다. (DP)

창의력
-외부 회의 진행

브레인스토밍
회의

원격 회의를 위한
스프린트 계획
체크리스트 작성

원격 회의에 대한
자신감 갖기

〈그림 6〉 점 투표로 결정내리기

1. 5분간 아이디어 만들기(컬러 포스트잇 선택)
2. 15분간 그룹 토론
3. 5분간 점 표시를 활용해 투표를 진행하고 결정하기
   (모든 참석자에게 3번의 투표 횟수 부여)

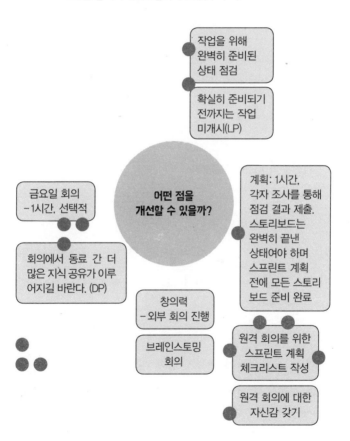

적용 방법(〈그림 5〉 참조)

- 참석자들에게 일정한 개수의 점(그림의 왼쪽 아래)을 제 공한다. 점은 각 3개씩 제공했다.

- 점 투표 방법이 파악되면 선택한 의견이 담긴 포스트 잇 이미지에 점을 배치한다.

- 점이 움직이기 시작하면 모든 참석자가 참여했는지 확 인한 뒤 투표 결과를 논의한다(〈그림 6〉 참조).

사전 준비 시간을 허용하라

사람들에게 사륜구동 자동차를 타고 사파리를 여행하는 것처럼 완벽한 회의 경험을 제공하고 싶다면, 회의 시간에 안건과 관련된 자료를 미리 읽어볼 수 있는 시간을 부여한 다(〈그림 6〉 참조). 회의 시작 전에 미리 참고 자료들을 읽어 본 사람도 있겠지만, 가끔은 정신없이 바쁜 날도 있고 읽고 도 내용을 잊어버렸을지도 모른다. 몇 분이라도 시간을 투 자해 모든 참석자가 회의 안건에 대한 기본적인 이해를 마 치면 회의에서 보다 질 높은 논의가 이루어질 가능성이 높다. 참석자들은 갓 읽은 신선한 정보를 토대로 회의에 더 많이 기여할 수 있다.

적용 방법(〈그림 7〉 참조)

- 촉진자는 회의가 시작된 직후 참석자들에게 5분간 미리 참고 자료를 읽는 시간을 할당한다.

- 참석자들은 포스트잇을 통해 자신의 생각을 표출하고 관점을 제시한다. 이는 다른 참석자들에게도 새로운 아이디어를 불러일으키는 신선한 방법이다.

〈그림 7〉 사전 준비를 위한 링크 생성

목적 : 프로젝트 평가를 위한 이론을 탐구하고 팀의 접근 방식을 고려한다.

안건
1. 읽기(5분)
2. 핵심 내용 분석(25분)
3. 내용 통합 및 정리(15분)

읽기 자료(다른 관련 자료 발견 시 링크 붙여넣기)

1. 링크 1
2. 링크 2
3. 링크 3
4. 링크 4
⋮

질문/코멘트

질문/코멘트

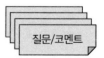
질문/코멘트

이름을 미리 입력하라

촉진자가 원격 공간에서 사람들의 활발한 참여를 이끌어 낼 수 있는 좋은 방법이 있다. 슬라이드에 모든 참석자들의 이름을 미리 입력하면(〈그림 6〉, 〈그림 7〉 참조), 모두가 회의에 참여해야 한다는 인식이 생기고 활발한 참여의 근간이 된다. 다시 말해, 사람들에게 참여에 대한 환기를 불러일으키는 것이다. 이 방식은 비디오가 켜져 있을 때 더 활용하기 좋다. 하지만 항상 비디오를 켤 수 있는 환경이 아닌 경우도 있고, 원격 회의에 참여 중인 모든 사람을 기억하기 어려운 경우도 있다. 때로 사람들은 의견을 강력하게 개진하는 사람에게만 집중하기도 한다. 슬라이드에서 적힌 모든 참석자들의 이름을 보면, 사람들은 각각의 참석자들을 더 쉽게 떠올릴 수 있다. 부차적인 이점은 다음에 누가 의견을 말할지 혹은 모든 참석자가 회의에 충분히 기여했는지에 대한 참석자들의 우려를 덜어줄 수 있다는 점이다.

적용 방법(〈그림 8〉 참조)
- 촉진자는 모든 회의 참석자들의 이름을 미리 입력한다.

- 회의 참석자들은 슬라이드에서 본인의 이름을 찾고 자신의 감정 상태를 기준으로 배경색을 채운다.
- **기여의 용이성**: 각자 이름의 배경 블록에 색을 채우는 것은 '우리가 제대로 해내지 못할까 봐 우려스럽다'라고 직접 말하는 것보다 훨씬 덜 위협적인 느낌이다. 결과가 나오면 촉진자는 그룹과 함께 논의할 수 있는 유용한 데이터를 확보하게 된다(〈그림 7〉 참조).

〈그림 8〉 **이름 미리 입력하기**
출시 예정일 – 1개월 후

시작! 제품 출시에 대해 얼마나 자신감을 느끼는지에 따라 색을 채우시오.

- = 100퍼센트 확신한다.
- = 약간 확신이 서지 않는다.
- = 잘못된 것 같다.

〈그림 9〉 이름 미리 입력하기
출시 예정일 - 1개월 후

시작! 제품 출시에 대해
얼마나 자신감을
느끼는지에 따라
색을 채우시오.

● = 100퍼센트 확신한다.
● = 약간 확신이 서지 않는다.
○ = 잘못된 것 같다.

회의 공간에 집중하라

앞에서 회의 시작 전에 참석자들 전원이 듣고, 말하고, 보는 것에 기술적인 문제가 없는지 반드시 확인해야 한다고 언급했다. 모든 참석자가 회의에 동등하게 기여할 수 있는 기회는 그만큼 중요하다. 상대의 목소리가 들리지 않는 기술적 문제를 겪고 있는데도 회의의 흐름을 방해할까 봐 침묵하기를 선택하는 일은 없어야 한다. 문제가 방치되면 회의는 결국 목소리와 균형감을 잃게 되고 회의 결과에도 부정적인 영향을 미친다. 촉진자가 회의 공간을 세심하게 관찰하며 참석자들이 어떤 어려움을 겪는지 알아차린다면 잠시 회의를 멈추고 문제를 해결하는 시간을 갖는 것이 바람직하다. 기술적 문제를 겪고 있는 사람은 없는지 확인하고, 문제의 징후가 발견되는 사람에게는 개별 메시지를 보냄으로써 회의의 기여도를 높일 수 있다.

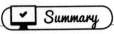

공정한 기회를 만들어라

회의에서 일부 참석자들은 낡아빠진 자전거로 회의를 경험하는 반면, 나머지는 사륜구동 자동차를 타고 유리한 고지를 선점할 가능성은 얼마나 되는가? 이러한 경험의 차이는 개인 차원에서뿐만 아니라 조직 차원에서도 비용을 초래한다. 촉진자는 참석자들에게 원격 공간에서의 상호작용이 회의 결과의 질적인 측면에 미치는 영향을 인식하게 함으로써 회의 결과를 큰 폭으로 변화시킬 수 있다. 만일 특정한 문제를 해결하기 위해 회의를 소집했다면, 참여한 모든 이들은 문제를 해결할 만한 충분한 능력과 신뢰를 받고 있다는 점을 인지해야 한다. 소수의 목소리만이 지배하는 회의를 떠올려보자. 얼마나 많은 시간과 돈과 노력이 낭비되는가? 동등한 참여 기회를 만드는 것은 팀과 조직의 성공에 필수적인 요소다.

운영 책임을 맡은 회의와 관련해 아래 질문들 가운데 한두 가지를 골라 생각할 시간을 가져보자.

☐ 회의 종류: 참석자들이 가능한 한 같은 수준의 경험을 할 수 있도록 만드는 방법은 무엇인가?

☐ 기술적 문제: 발생 가능한 잠재적인 기술 문제에 어떻게 대비할 수 있는가?

☐ 언어: 회의에서 어떤 언어가 사용되고 있으며 해당 언어 사용으로 불이익을 보는 사람은 누구인가?

☐ 사고방식: 말을 하면서 생각을 정리하는 사람과 사전에 생각할 시간이 필요한 사람 등 서로 사고방식이 다른 이들의 니즈를 충족시키는 방법은 무엇인가?

방법과 기법

1. 가능하다면 전면 원격 방식을 사용하라.

2. '가상의 참석자'

3. 시작 전에 기술적인 문제를 체크하라.

Summary

4. 가상의 포스트잇 기능 설정

5. 그룹 의견을 표현하기 위한 가벼운 메커니즘(예: 점 투표)

6. 사전 준비 시간을 허용하라.

7. 이름을 미리 입력하라.

8. 회의 공간에 집중하라.

원칙
1. 공정한 기회를 만들어라.
2.
3.
4.
5.
6.

원칙 2:

회의의 흐름을
원활하게 하라

**"개가 짖을 때마다 멈춰서 돌을 던지면
결코 목적지에 도달하지 못할 것이다."**

윈스턴 처칠^{Winston Churchill} [11]

케이프타운은 드넓은 바다와 장엄한 산으로 둘러싸여 활
기가 넘치는 아름다운 도시. 하지만 대부분의 대도시들이
그렇듯 케이프타운 역시 심각한 교통 체증에 시달리고 있
다. 통근이 필요한 케이프타운의 직장인이라면 교통 체증으
로 업무 시작 시간이 몇 시간씩 지연되는 경우도 더러 발생
한다. 퇴근길도 마찬가지다. 업무 피로를 내려놓고 쉬고 싶
지만 크고 작은 교통사고들은 도시 전역에 피할 수 없는 정
체를 초래한다.

아무리 도시의 주변 경관이 아름다워도 목적지에 도착하
는 시간이 자주 늦어지고 예상치 못한 정체가 계속되면 피

로와 좌절감을 느낄 수밖에 없다. 이러한 '교통 체증'의 부작용은 회의에서도 쉽게 관찰된다. 참석자들이 회의 주제나 회사에 대한 긍정적인 태도를 갖고 있다고 해도 회의 결과를 지연시키는 예상치 못한 문제점들은 긴장과 피로감으로 이어질 수 있다.

원격 회의에서는 약간의 계획이나 지침으로 충분히 피할 수 있는 문제점들이 회의의 흐름을 끊는 상황이 자주 발생한다. 올바른 행동 지침을 찾지 못하는 경우 참석자들은 때로 의도치 않게 서로를 방해하고 회의의 진척을 더디게 만든다. 이런 상황은 참석자들의 피로감을 증대시키기 때문에 공동으로 사고하고 협업하는 데 어려움을 겪게 하며 원격 공간의 단점을 인지하게 만든다. 이러한 작은 좌절의 순간들이 복합적으로 작용하면서 사람들은 교통 체증에 시달리고 있다는 느낌을 받기 쉽다.

회의에서는 대화와 사고의 흐름과 해결책이 중요하다. 회의 도중에 방향을 바꾸거나 새로운 정보가 등장하면 회의는 자연스럽게 다른 방향으로 들어서거나 예상치 못한 결과에 도달할 수 있다. 그래서 이러한 사고의 다양성은 양질의 회의 결과를 위해 특히 중요하다. 도움이 되는 우회로와 그렇지 않은 길을 올바르게 판단하고 가이드하는 촉진자의 능력은 결과에 의미 있는 영향을 미친다.

숙련된 촉진자는 회의 참석자들이 목적지에 도달하는 것을 돕기 위해 교통의 흐름을 바꾸거나 조정할 수 있다. 회의 참석자 중 누군가가 당면한 회의 주제와 무관한 의견을 계속 주장하는 경우 회의의 순조로운 흐름을 위해 조치가 필요하다. 대화에 타임 박스(제한시간)를 설정함으로써 후속 대화를 위한 조치를 취하거나, 촉진자가 관찰한 상황을 참석자들에게 다시 환기시켜 그들이 직접 추후의 방향을 선택하도록 하는 방법도 있다. 예를 들어, "핵심은 이 부분입니다. 지금 대화 중인 주제는 여기에서 벗어난 것 같군요. 핵심 주제를 먼저 논의한 뒤에 다시 돌아오는 게 어떨까요?"와 같이 대화의 흐름에 대한 의식적인 주의력 환기는 촉진자가 회의의 교통 상황을 통제할 수 있게 한다.

교통을 통제하는 역할은 우리가 원격 회의에서 특히 가치 있다고 믿는 기술이다. 원격 환경은 회의의 흐름이 중단되거나 주제가 이탈되는 상황에 매우 취약하다. 앞에서 우리는 기술적 장벽이 회의의 흐름에 얼마나 큰 영향을 미치는지 언급했다. 기술적 결함으로 연결 상태에 중단이 반복되면 참석자들 간에 대화의 흐름이 끊기고 회의 기여도에도 부정적인 영향을 미친다. 만약 참석자들이 논의 주제를 마무리하는 시점에서 기술적 문제를 겪는 한 사람 때문에 했던 말을 계속 반복해야 한다면 어떨까? 아마 뇌의 루프는 개방된 상태를 유지하게 되고 참석자들은 피로함을 느끼거나 회의에서 이탈할 가능성이 높아질 것이다. 촉진자들은 이러한 문제를 어떻게 극복해야 할까?

자세히 살펴보기

'아하 모먼트'의 장점

인간의 뇌는 질문에 대한 해답을 찾고 피드백과 보상을 원하도록 설계되어 있다. 우리가 문제에 대한 해답을 찾거나 특정 문제를 해결하려고 시도할 때 뇌의 루프는 개방된다. 그리고 우리가 통찰력에 도달할 때 뇌의 루프는 다시 닫히고 이러한 폐쇄 루프 상태는 사람들의 기분을 좋게 한다. 이때 긍정적인 화학물질인 도파민이 분출되기 때문에 우리의 뇌는 다음 과제를 목표로 강력한 추진력을 갖게 된다. 예를 들어, 크로스워드 퍼즐의 해답을 찾으며 퍼즐을 채워가는 것은 사람들의 기분을 좋게 만들고 계속 퍼즐을 완성하고 싶게 한다.

연구 논문 〈틱Tik〉을 비롯한 다양한 보고서의 주제인 '아하! 모먼트의 신경 상관관계'에 따르면, 통찰의 순간을 전후로 뇌에서 보상 네트워크가 활성화된다고 한다.[12] 회의에 참석한 사람들이 문제를 해결하면서 안도감을 느낄 때, 보상과 관련된 뇌의 부위에 더 많은 도파민이 분출된다는 것을 의미한다. 이때 참석자들의 뇌 상태는 '좋아. 문제를 계속 해결해봐야지'라는 긍정적인 상태로 변한다.

직장에서의 상황을 예로 들어보자. 팀이 지난주에 내린 결정사항을 까맣게 잊고 있다가 마침내 생각이 떠올랐다. 그 순간 뇌의 루프가 닫히면서 느껴지는 작은 에너지 덩어리는 당신이 다음 과제를 추진할 수 있는 동력을 제공한다. 반면, 루프가 폐쇄되지 않고 개방된 상태를 계속 유지하는 경우 다음과 같은 상황이 벌어진다.

- **이탈감:** 정신이 산만해진다(갑자기 트위터를 하고 싶은 마음이 든다).
- **피로감:** 다른 작업을 처리하고 싶지만 뇌에서

백그라운드 작업(지난주에 내린 팀 결정사항)이 여전히 실행 중이기 때문에 뇌 메모리가 소진된다.

- **좌절감**: 아무런 성과도 없는 문제 때문에 머리를 싸맨다.

방법과 기법

기대치 관리 : 안건과 회의 규칙을 명확히 하라

우리는 교통 체증에 관한 이야기로 이 장을 시작했다. 차가 어디쯤에서 막히기 시작할지, 교통 체증을 어느 정도 예측해야 할지 미리 알고 있다면 교통이 정체되는 상황을 용인하기가 훨씬 쉬울 것이다. 회의에서 명확한 기대치와 참여 규칙(《그림 3》 참조)을 설정하면 앞으로 닥칠 문제에 대비해 사전에 준비하게 되므로 회의의 흐름에 긍정적인 영향을 미친다. 참석자들이 회의에 대한 기대치와 자신의 역할을 제대로 인지한다면 회의 기여도는 훨씬 높아질 것이다. 현실적으로 원격 회의에서 완벽한 규범을 찾기는 어렵다. 가장 중요한 것은 참석자들이 스스로 규범을 확립하는 것이다.

적용 방법(〈그림 10〉 참조)

- 회의 안건은 참석자들에게 회의에 대한 기대치를 명확히 알려주는 역할을 한다.
- 타임 박스는 회의에 대한 기대치를 설정하고 초기 지침을 제공한다.
- 맨 아래 블록 3개가 참석자들의 원격 공간 탐색을 돕는다. 그룹은 변경 또는 추가 옵션에 대한 선택권을 갖고 있다.
- 참석자들의 '에너지 측정(하품 이모티콘)'을 통해 촉진자는 그룹의 휴식시간을 결정한다.

〈그림 10〉 안건과 회의 합의사항을 명확하게 가시화하라

안건

어떤 원칙이 중요한가? (15분)	원격 회의를 복잡하게 만 드는 요인은 무엇인가? (20분)	휴식 시간	원격 회의의 질을 향상시 키는 방법은 무엇인가? (25분)	의견 공유 및 종료 (10분)

손을 들고 의견 제기 하기	소음이 많은 장소에서는 음소거 기능 활용	피곤함을 느끼는 경우 하품 이모티콘 붙여넣기

공동으로 비주얼 맵을 만들어라

대화에서 상호 간에 공유되는 비주얼 맵(〈그림 11〉 참조)을 작업하면 참석자 중 비디오나 오디오에 연결이 끊긴 사람이 생겨도 여전히 대화의 문맥을 따라 잡을 수 있다(실시간으로 기록하는 공유문서는 대개 대역폭 문제에 덜 취약하다). 통화가 다시 정상으로 연결되더라도 나머지 참석자들이 다시 내용을 반복해서 설명할 필요성이 줄어든다. 비주얼 맵을 통해

회의의 맥락을 유지할 수 있어서 사람들이 회의의 흐름에 지장을 주지 않으면서 다시 회의에 참여할 수 있다.

서로 다른 언어를 구사하는 그룹과 함께 일하는 경우 의사소통에 오해가 생기거나 정보를 반복해서 전달해야 하는 문제가 발생해 회의 흐름이 중단되기도 한다. 이때 적절한 속도로 회의를 진행하는 것은 매우 중요하다. 대화 내용을 실시간으로 공유 문서에 기록하면 참석자들은 각자가 필요한 만큼 대화를 반복해서 읽어볼 수 있다. 또한 참석자들이 안건에 대해 생각하고 처리할 시간이 충분하기 때문에 회의에서 이탈할 가능성이 줄어든다.

적용 방법(〈그림 11〉 참조)

- 그룹은 회의를 진행하며 대화 내용을 시각화할 수 있는 자료를 생성한다.
- 촉진자는 몇 가지 아이디어를 미리 생각해놓고 대화를 진행하면서 또 다른 아이디어를 생성할 수 있다.
- 의견을 말하는 사람은 누구나 자신의 요점을 설명하기 위해 문서의 어떤 내용이든 드래그/편집/복사/변

경할 수 있다.

- 대화가 진행될수록 비주얼 맵의 규모는 서서히 커진
  다(〈그림 12〉 참조).

〈그림 11〉 참석자들이 공동 문서를 작성하기 위해
아티팩트를 생성한다

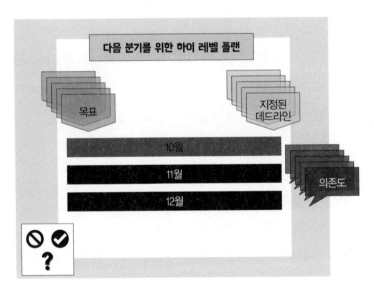

〈그림 12〉 참석자들이 미리 생성된 아티팩트를 사용한다

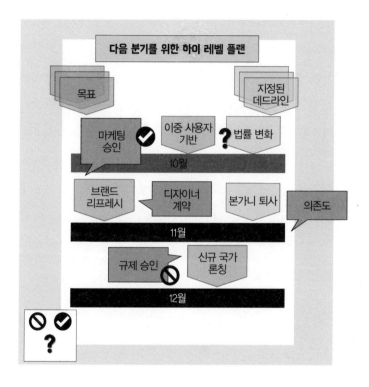

에너지 신호를 파악하고 휴식을 제공하라

원격 회의에서는 행동 신호 파악이 어렵다는 점을 이미 언급했다. 회의에서 주고받는 다양한 행동 신호들은 팀원들

이 자신의 행동을 상황에 맞게 조정하게 만든다(누군가가 몸을 앞쪽으로 기대면 참석자들의 주의력은 그 사람을 향하고 의견을 경청하는 태도를 갖춘다). 또한 참석자들의 행동 신호를 참고하여 촉진자는 회의 목표에 도달하기 위해 그룹에게 필요한 사항을 결정할 수 있다(사람들이 피곤해 보이기 시작하면 휴식 시간을 순서대로 정한다). 이 단계에서 참석자들이 자신의 욕구(회의의 속도나 방향의 변화)를 간단하고 쉬운 방법으로 표현할 수 있는 메커니즘을 제공하면 회의가 한층 더 순조롭게 진행된다. 참석자들에게 대화의 속도나 방향을 조절할 수 있는 선택권을 제공함으로써 회의 공간에 대한 통제력을 부여하는 방법을 통해서다(〈그림 13〉 참조).

적용 방법(〈그림 13〉 참조)

- 촉진자는 참석자들에게 자신의 기분을 표현할 수 있는 메커니즘을 제공함으로써 정확한 정보에 근거해 회의의 교통상황을 가이드하는 방법과 시기를 결정할 수 있다.
- 시계 중 하나 이상이 블록을 향해 움직이기 시작하면, 촉진자는 회의 흐름이 바뀌고 있음을 알 수 있다. 이

경우 흐름을 되돌릴 수 있는 조치를 취해야 한다(〈그림 14〉 참조).

〈그림 13〉 참석자들이 다음 주제로 넘어가고 싶어 하는
시기를 나타내는 신호

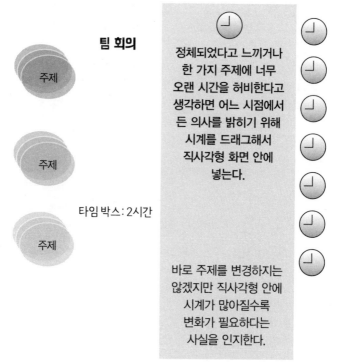

팀 회의

주제

주제

타임 박스: 2시간

주제

정체되었다고 느끼거나
한 가지 주제에 너무
오랜 시간을 허비한다고
생각하면 어느 시점에서
든 의사를 밝히기 위해
시계를 드래그해서
직사각형 화면 안에
넣는다.

바로 주제를 변경하지는
않겠지만 직사각형 안에
시계가 많아질수록
변화가 필요하다는
사실을 인지한다.

〈그림 14〉 참석자들이 시계를 이동해 다음 주제로 넘어가기를 원한다는 의사를 밝힌다

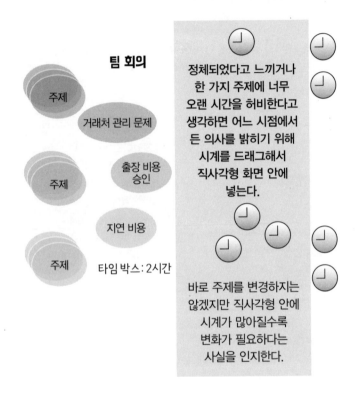

원격 회의에서는 에너지와 집중력을 유지하기가 특히 어렵다. 이때 잠깐의 휴식 시간을 제공하면 에너지를 재생하는

훌륭한 메커니즘으로 작용한다. 휴식은 참석자들이 회의에서 한 발짝 물러나 객관성을 가질 수 있는 기회를 부여하며 새로운 아이디어나 대화를 자극하는 데 도움이 된다. 긴 회의의 경우 약 45~60분마다 휴식 시간을 갖는 것이 바람직하다. 다시 회의에 참여하는 시간에 대한 지침만 명확하다면 휴식은 회의의 흐름을 유지하는 데 매우 유용한 도구다.

참석자들을 현재에 집중하게 하라

우리가 즐겨 사용하는 도구 중 하나는 구글 슬라이드다. 그 중 참석자들의 관심을 유도하는 데 유용한 기능은 화면 왼쪽에 있는 요약 슬라이드뷰(〈그림 15〉 참조)로 마이크로소프트의 파워포인트와 유사하다. 이 기능이 매력적인 이유는 무엇일까? 아무리 최선을 다해 집중하려고 해도 산만함을 유발하는 요소는 생기게 마련이다. 원격으로 회의를 진행할 때 "지금 슬라이드 5에 있는 내용을 논의하는 중입니다" 또는 "질문이 있는 경우 슬라이드 10에 내용을 추가하세요"와 같은 명확한 방향을 제시하면 회의의 흐름에 큰 도움이 된다. 참석자들은 논의 내용을 어디서 찾아야 하는지, 회의의 진행상황은 어디쯤인지 쉽게 파악할 수 있다. 촉진자는 집단적인 관심을 집중시켜 회의 참석자들이 함께 사고할 수 있도록 돕는 역할을 한다.

<그림 15> **참석자들의 현재 위치를 알려주는 표시**

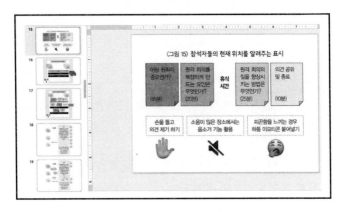

회의의 흐름을 원활하게 하라

원격 회의에서 산만한 분위기와 흐름의 중단은 흔히 발생한다. 여러 방해요소로 회의의 흐름이 자주 끊길수록 회의의 목적에 도달할 가능성은 낮아진다. 지독한 교통 체증을 겪거나 문제에 대한 해답을 찾을 수 없을 때, 우리는 쉽게 좌절감과 피로감과 이탈감을 경험한다. 이 모든 부정적인 감정들은 최상의 결과를 얻고자 하는 회의의 목적을 방해한다. 하지만 반대로 우리가 통찰력에 도달할 때는 어떨까? 참석자들은 만족스러운 기분을 느끼고 우리의 뇌는 즉각 '에너지'를 생성한다. 그리고 이 에너지는 참석자들을 다음 과제로 향하게 하는 추진력을 만들어낸다. 촉진자들은 회의 중에 발생하는 불필요한 교통 체증을 피하고 사람들이 목표를 향해 순조로운 흐름을 유지할 수 있도록 가이드하는 역할을 맡는다.

Summary

운영 책임을 맡은 회의와 관련해 아래 질문들 가운데 한두 가지를 골라 생각할 시간을 가져보자.

□ 방해요소: 최근 참석한 회의에서 산만함을 유발한 원인은 무엇이었는가?

□ 흐름: 대화의 흐름을 개선하기 위해 무엇을 할 수 있는가?

□ 에너지: 회의실의 에너지는 어떻게 측정할 수 있는가?

□ 기대치: 회의에서 참석자들이 기대치는 어떻게 관리되고 있는가?

방법과 기법

1. 기대치 관리: 안건을 명확히 하라.

2. 기대치 관리: 회의 규칙을 명확히 하라.

3. 공동으로 비주얼 맵을 만들어라.

4. 에너지 신호를 파악하라.

5. 휴식을 제공하라.

6. 참석자들을 현재에 집중하게 하라.

원칙

1. 공정한 기회를 만들어라.

2. 회의의 흐름을 원활하게 하라.

3.

4.

5.

6.

원칙 3:
시각자료를
활용하라

"사람들은 이름, 전화번호, 동료들 간에
구두로 전달된 말을 기억하는 데는 서툴지만,
시각적· 공간적 기억력은 매우 뛰어나다."

조슈아 포어 Joshua Foer 13

앞 장에서는 회의 중에 발생하는 교통 문제와 이것이 회
의에 미치는 영향을 살펴보고 덧붙여 교통을 탐색하고 안내
하는 촉진자의 역할에 대해 언급했다. 교통을 관리하는 또
다른 유용한 메커니즘은 도로 표지판이다. 아직 차선을 칠
하는 중인 새로운 길을 여행해본 적이 있는가? 아마도 초행
길이라면 꽤 겁을 먹거나 혼란스러웠을지도 모른다. 내 차가
제대로 차선 가운데에 있는 걸까? 옆 차선을 넘어간 건 아닐
까? 두 차선이 모두 좌회전 차선인가? 아니면 하나만 좌회전
차선인가? 도로 차선에서 표지판에 이르기까지 교통 체계에
서 시각적 단서는 운전자들이 도로에서 방향을 설정하고 움

직이는 데 매우 중요한 요소다.

운전자들은 의식적이든 무의식적이든 매분매초 수많은 결정을 내린다. 사람들이 내리는 결정의 질적인 측면은 그 과정에서 사용되는 정보와 관련이 깊다. 도로 표지판은 운전자들이 당면한 상황에 적절한 결정을 할 수 있게 돕는 역할을 한다. 도로마다 정보는 다를 수 있지만 보통 표지판들은 도로라는 공간을 탐색할 수 있는 보편적인 언어를 제공한다.

도로 표지판의 또 다른 이점은 정보를 기억하는 데 도움을 준다는 점이다. 운전자들이 매번 목적지까지 이동하는 경로나 각 단계마다 달라지는 요구사항들을 모두 기억하는 것은 불가능하다. 이 고속도로에서는 차선 두 개가 우회전이었던가? 아니면 한 차선만 우회전이었던가? 이 길을 지나도 안전할까? 이 같은 정보들은 운전 중 의사결정에 반드시 필요하다.

그렇다면 도로 표지판은 원격 회의와 어떤 관련이 있을까? 회의에서는 한 번에 많은 일들이 일어난다. 사람들은 참석자 중 누군가가 무슨 말을 하는지, 그 전에는 누가 어떤 말을 했는지, 각각의 의견들은 어떻게 연결되는지, 내가 하려는 말은 무엇인지 모두 기억하려고 애쓴다. 이번 회의가 처음이 아니라면 이전 회의에서 논의되었던 내용 중 안건과 관련이 깊은 내용도 기억해야 한다. 다시 말해, 회의에서 효과적으로 대화하고 결정을 내리려면 회의 공간을 순조롭게 탐색할 수 있어야 한다. 회의에서 논의된 내용들을 비교하고 분석하고 평가하기 위해 우리의 의식 속에 여러 관련된 정보들을 효율적으로 담는 단계가 필요하다.

이 분야의 저명한 연구원인 코완Cowan은 정보를 보유할 수 있는 충분한 능력을 갖춰야만 인지 과제가 완성될 수 있기 때문에 작업 기억 저장용량이 중요하다고 말했다.[14] 참석자들은 회의에서 비교하고 분석하고 평가하고 결정하는 과정을 거치며 넘치는 정보들을 끊임없이 탐색한다. 이처럼 비교하고 분석하고 평가하고 결정하는 인지 기능은 우리의 뇌로 하여금 탐색 중인 모든 개념들을 머릿속에 담도록 요구한다. 그렇다면 촉진자로서 사람들이 기억해야 할 정보의 양을 줄이고 그들의 집중과 관심이 온전히 문제해결로 향할 수 있도록 하는 도로 표지판과 시각 신호는 어떻게 만들 수 있을까?

자세히 살펴보기

제한된 CPU 용량

우리가 어떻게 느끼는지와는 상관없이 인간의 뇌는 의식 속에 일정량의 정보만을 담을 수 있는 한정된 용량을 보유한다. 긴 숫자를 외우려고 시도해본 적이 있다면 아마 무슨 뜻인지 알 것이다. 인간이 정보를 다루는 동안 일시적으로 그 정보를 보유하는 역할을 담당하는 뇌 부분에 관여하는 회로는 제한된 용량을 갖고 있다. 그래서 인간은 보통 한 번에 몇 가지 생각만을 머릿속에 담을 수 있다. 이와 관련된 연구에 따르면, 인간이 한 번에 생각할 수 있는 뚜렷한 정보의 양에 대해 '마법의 숫자 7 플러스마이너스 2The magical number seven, plus or minus two'라는 결론에 도달했다.[15] 그 이후로도 후속적으로 진행된 여러 차례의 연구는 정보 처리 용량의 한계를 뜻하는 이 숫자가 더 낮을 수도 있다는 사실을 증명했다.

연구 가운데 하나는 사람들이 정보의 질이 저하되는 상황을 경험하지 않는 기억 용량의 한계가 네 가지 정도라고 주장했다.[16] 이 숫자는 처리하는 정보의 복잡성과 지속시간에 따라 달라진다.

이 개념을 도로 표지판의 맥락과 연결시켜보자. 도로 표지판은 감지성sense making 도구라는 점 외에도 우리의 의식 속에서 한 번에 보유해야 할 정보의 양을 줄이기 위한 수단이다. 그래서 도로 표지판은 인지 부하를 줄이는 데 도움이 되며, 표지판이 없다면 우리가 모두 머릿속에 기억해야 하는 주요 정보들을 상기시키는 시각 도구 역할을 한다.

방법과 기법

시각자료로 정보의 질을 높여라

회의의 주요 핵심 내용을 식별하고 그 내용을 시각적으로 표현하면 참석자들은 내용을 상기시키려는 의도적인 노력 없이도 당면한 문제해결에 에너지를 쏟을 수 있다. 그 결과 그룹은 함께 생각하고 문제를 해결하는 중요한 업무에 우선순위를 두게 된다. 또한 회의에서는 대화가 계속될수록 참석자들이 제각기 논의 내용을 다르게 기억할 가능성도 배제할 수 없다. 두뇌의 작업 기억 용량의 한계를 고려하면, 회의에 참석한 사람들은 각자 논의 내용의 다른 부분을 기억하고 주제와 해결책에 대한 방향 역시 다르게 생각할 가능성이 높다.

회의의 목표가 최선의 해결책을 찾는 것이라면 참석자들이 핵심에 집중하고 상호 간에 공유된 견해를 가질 수 있도록 지원하는 방법을 찾는 단계는 필수적이다. 대면 회의는 주로 화이트보드가 있는 공간에서 열린다. 원격 회의에서 정보의 시각화를 위한 이러한 메커니즘을 의도적으로 대체하지 않으면 원활한 대화는 힘들어진다.

실시간 협업 문서는 참석자들이 서로 공유할 만한 참고 자료를 공동으로 작성할 수 있는 기회를 제공하고 원격 통화가 진행되는 동안 모든 참석자들을 가이드하는 역할을 한다(〈그림 10〉 참조). 사람들이 직접 문서에 정보를 채우는 과정을 통해 참석자들의 뇌는 당면한 대화에 더욱 집중하게 된다. 만일 이전에 논의하던 정보를 잊어버린 경우, 정보를 시각적으로 상기시켜주는 도구가 필요할 것이다.

대화를 원활하게 끌어가기 위해 시각자료를 보다 적극적으로 활용하는 경우도 많다. 전전두엽 피질의 한계(전전두엽의 과부하는 명확성과 양질의 사고를 저해한다)를 고려할 때, 작업 기업 용량을 확보하기 위해 뇌 기능을 개선하는 방법은 무엇일까? 색상 코딩 정보가 연결을 더 쉽게 만들 수 있을까? 이미지는 개념을 기억하는 데 어떤 역할을 할까? 레이아웃은 문제의 복잡성을 어떻게 단순화할 수 있을까? 과도하게 많은 도로 표지판도 혼란을 줄 수 있다. 그렇다면 그 사이의 균형은 어떻게 맞출 수 있을까?

<u>적용 방법(〈그림 16〉 참조)</u>

- 비주얼 맵은 비교적 단순하다. 그룹은 회의를 진행하며 주요 정보들을 신속하게 메모할 수 있는 선택권을 갖는다.

- 비주얼 맵은 회의의 목적과 결과를 상기하는 역할을 한다.

〈그림 16〉 **단순한 시각적 공유 문서**

| 참석자 : 웨슬리, 브로닌, 투피크

목적 : 프로젝트 킥오프를 위한 다음 단계

결과 : 프로젝트를 다음 관계로 이끌어갈 계획

결정해야 할 사항
– 프로젝트 개시 일정
– 프로젝트 업무량과 요구사항
– 월요일까지 준비사항 | **내일**
• 비전과 조정. 필이 자신의 작업 문서를 분석하고 배경을 공유한다.
• GOG팀이 맥락을 이해할 수 있도록 한다.
• | **월요일 디자인 회의**

참석자 :

회의 내용 :

결과 : |
| | **잠재적인 에픽과 <u>스토리보드</u>**
• | **조치 사항**
• |

명확한 지시로 인지 부하를 줄여라

진출 차선을 알리는 도로 표지판을 보게 되면 운전자는 앞을 내다보고 진출 차선이 가까워지는 상황을 확인할 수 있다. 원격 통화를 비슷한 맥락에서 접근해보면 참석자들이 회의의 기대치를 사전에 파악하는 것도 마찬가지로 도움이 된다. 시각자료는 단순히 말로 전달되는 지시사항을 부정하는 것이 아니다. 오히려 구두 전달의 단점을 보완한다. 만약 누군가가 확실하지 않은 상황에서 지시를 위해 맥락적 신호(예: 보디랭귀지)를 사용한다면, 그보다는 확실하게 정보를 얻을 수 있는 대체 메커니즘을 사용하는 것이 바람직하다.

대규모 프로젝트를 위해 우리가 퍼실리테이션에 참여한 회사 차원의 데모 프로젝트에 대해 간단히 소개하겠다. 업무를 위해 직접 현장에 투입되자 긴장감이 고조되었다. 혼란의 가능성 역시 컸다. 참석자들은 모두 원격 공간에서 회의를 진행했고, 총 150명 이상이 회의에 참석했다. 이들 중 30명은 프로젝트의 일원이었고 우리는 그들 모두가 업무에서 인정받기를 바랐기 때문에 데모에서 30명의 참석자들을 모두 공동 발표자로 지정했다. 이 대규모 회의에서 벌어질 잠재적인 교통 체증의 가능성을 떠올려보라! 발표를 연습할 시간은 턱없이 부족했고, 준비할 시간은 일주일밖에 남지 않은 상황이었다. 게다가 발표자 30명을 준비시켜야 했다. 회의를 위한 모든 계획은 비동기적으로 진행되었다(이 주제에 대한 자세한 설명은 마지막 장에서 설명하겠다). 우리는 발표자와 청중의 기대치를 파악하기 위해 시각적 신호를 활용했다 (〈그림 17〉 참조).

〈그림 17〉 그룹 가이드를 위한 발표 순서의 시각화

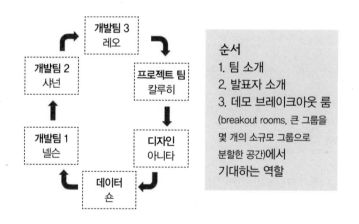

<u>적용 방법(〈그림 17〉 참조)</u>

- 각 프로젝트 팀(6개 팀)에서 한 명씩 선정해 팀을 소개하고 작업 내용과 시연 주제 등을 간단히 소개했다.
- 이름과 화살표는 누가 언제 말을 했는지를 알려주었다.
- 사람들의 참여를 끌어내기 위해 발표자들은 슬라이드에 자신이 속한 팀의 실제 사진을 추가했다(각 팀들은 사진을 사전에 준비했다).
- **타임 박스:** 각 단계마다 명확한 시간 제약을 설정했다. 타임 박스를 활용하면 촉진자가 발표자들에게 진행이나 종료 시간을 계속 상기시킬 필요가 없었다. 만일 발표자들이 시간을 잊어버린 경우 슬라이드를 통해 즉각 시간을 파악할 수 있었다.

원격 공간에서의 합의점을 시각화하라

원격 회의는 때에 따라 매우 모호한 공간이 될 수 있다. 따라서 회의 시작 전에 원격 회의에 대한 합의점을 명확히 하기 위해 간략한 논의를 거치는 단계는 공간의 불확실성을 해소하는 데 도움이 된다. 합의점의 시각화는 회의가 진행되는 동안 참석자 그룹에게 지속적인 리마인더 역할을 한다(〈그림 12〉 참조). 단, 그 전에 그룹이 원격 회의의 진행 방향을 함께 고려하는 단계가 선행되어야 하며 이는 합의의 내용보다 훨씬 중요하다. 합의의 가치는 회의 참석자들 간에 공유된 양식을 구축하는 데 있다. 일반적으로 회의 주제가 전환되는 시점을 파악하고, 소음 수준에 따라 오디오를 음소거하고, 비공식 채널(백 채널)을 명확히 하는 메커니즘을 포함한다.

적용 방법(〈그림 18〉 참조)

- 시간이 충분하지 않았으므로 미리 제안 사항을 기입했다.
- 단 시간 내 해결해야 할 문제들이 많았기에 대화를 중단시키는 대신 시간을 표시하는 벨 메커니즘을 생성했다.
- 참석자들에게 추가 혹은 변경하고 싶은 사항이 있는지 물어보고 진행을 편안하게 느끼는지를 확인한 후 회의를 진행했다.

〈그림 18〉 원격 공간 합의점

최고의 성과 거두기

타임 박스
한정된 기한 때문에
회의는 제한 시간을
두고 진행된다.
– 벨 메커니즘 활용

흐름
슬라이드 12에
질문을 추가한다.

줌
의견 불일치가
발생하는 경우, 문제를
해결하기 위해
채팅을 이용한다.
음소거를 한다.

그 밖에…

슬라이드 활용
모든 기능을
볼 수 있도록
화면을 축소하고
편집 모드를
유지한다.

시각적으로 결과를 검증하라

마지막으로, 결론을 검증하기 위한 수렴적 사고가 일어
나고 시각자료의 역할이 올바르게 작용하는 회의에 대해 살
펴보겠다. 먼저 참석자들은 회의에서 모두가 같은 주제에 온
전히 집중하고 있다는 사실을 명확하게 인지해야 한다. 같
은 회의에 참석했지만 내가 생각한 것과는 다른 회의 결과

를 공유한 경험이 있는가? 일부러 결과를 잘못 이해하고 전달할 리는 없다. 회의에서 합의된 내용을 서로 다르게 이해했을 가능성이 높다.

회의에서 결과에 대한 오해와 잘못된 해석은 결코 드문 일이 아니다. 그 중 일부는 앞에서 언급했던 단기 기억력의 제약과 관련이 있다. 기억력의 제한된 용량으로 우리 모두는 회의에서 논의한 내용을 조금씩 다르게 떠올릴 수 있다. 또 다른 가능성은 서로 다른 배경 상황들이 개인이 보는 정보를 상이하게 만드는 경우다. 시각자료(텍스트 또는 이미지)는 이해를 검증하고 일치시키는 유용한 메커니즘이다(〈그림 19〉 참조).

적용 방법(〈그림 19〉 참조)

- 이 사례에서 참석자 그룹은 모두 계획에 합의했다. 우리는 시각적 타임라인을 이용해 그룹 전체의 이해도를 확인했다.
- 참석자들의 행동 신호를 포착해 언어를 선택했고, 이 과정을 통해 이전에는 발견하기 어려웠던 오해를 찾아냈다.

<그림 19> 시각적 결과

조치사항

이전 회의	담당자	마감일
개발팀과 우리 팀의 합동 회의	웨슬리	이번 주
API 스펙 코멘트 제공	기술 작업 그룹	목요일
작업 그룹 전체와 문서 공유	갈렙	내일(7월 3일)

내용	담당자	마감일
제품 출시 문서 공유	록산느	오늘
테스트를 위한 배치 논의	재키	이번 주

자세히 살펴보기

시각자료, 비유, 추상적 사고

시각자료의 잠재력에 대한 논의에 앞서 뇌가 추상적인 개념을 이해하고 기억하는 데 시각자료와 비유들이 어떻게 도움이 되는지 언급하고 넘어가겠다. 신경과학 학계의 연구에 따르면, '비유는 추상적인 개념을 습득하고 추론하기 위해 구체적이고 친숙한 영역을 이용하는 것'이라고 한다.[17] 이 연구들은 우리가 이해하기 가장 쉬운 개념들이 어떻게 감각 경험에 기초하는지 탐구한다(일반적으로 우리는 물리적으로 특정 사물과 상호작용을 한다). 감각적 경험에서 추상적 사고로 옮겨갈수록 사물을 이해하는 것은 더욱 어려워진다. 이 말은 일리가 있다. 우리가 경험에서 더 추상적인 추론을 얻을수록 사물을 이해하는 것은 더욱 어려워지기 때문이다.

비유는 인간의 뇌가 추상적인 개념을 보다 더

친숙하고 알기 쉽게 접근하는 방법을 제공한다. 비유 덕분에 우리는 주제를 더 쉽게 검토하고 토론할 수 있다. 회의가 진행될수록 주제가 점점 더 추상적으로 변해가는 상황을 경험한 적이 있는가? 사람들이 개념을 추론하려고 할 때 누군가가 '이렇게 한번 상상해보자'는 취지의 말을 꺼낸다고 해보자. 그리고 개념을 이해하기 위한 방법으로 비유를 들어 설명한다. 이 경우 참석자들은 사고를 뒷받침하는 공통된 기준점인 도구를 지원받은 셈이다. 참석자들은 추상적인 개념을 더 쉽게 이해하게 되고 더 활발한 대화를 나눌 가능성이 높아진다. 설령 참석자들이 비유를 사용하는 방법에 동의하지 않더라도, 그들은 비유의 개념을 토대로 추론하는 방법을 활용할 수 있다.

비유의 힘에 대해 마지막으로 강조하고 싶은 것은 인간이 사물을 기억하는 방법과 관련되어 있다.

우리의 뇌는 이질적인 기억의 조각들보다 서로 연결되고 하나의 비유로 묶인 개념을 기억하는 데 훨씬 뛰어나다. 《1년 만에 기억력 천재가 된 남자》의 저자인 조슈아 포어Joshua Foer는 수년간 기억력 대회에 출전한 선수들mental athletes (수백 개의 이진열을 순서대로 기억할 수 있는 사람들)을 연구하며 비유와 사고의 연계가 핵심적인 역할을 했다는 사실을 알게 되었다.[18] 만약 사람들이 이전 회의에서 논의했던 내용을 쉽게 떠올릴 수 있다면, 다음 회의는 얼마나 더 순조롭게 진행될까? 풍부한 사전 정보는 의사결정의 질에 어떤 영향을 미칠 것인가?

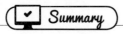

시각자료를 활용하라

운전자들이 도로에서 복잡한 상황을 실시간으로 파악하는 장면을 떠올려보라. 사실 꽤 인상적이다. 도로 표지판은 운전자들의 혼란을 잡아주는 핵심 요소다. 회의에서도 마찬가지다. 사람들은 결정을 내리고, 정보를 떠올리고, 의견을 검증하기 위해 시각 표지판에서 도움을 얻는다. 촉진자들이 명확하고 일관성 있는 방법으로 정보를 시각화하고, 전전두엽 피질의 한정된 용량을 단순한 기억보다는 문제 해결에 집중하도록 만들면 회의 결과를 한층 더 의미 있게 개선할 수 있다.

운영 책임을 맡은 회의와 관련해 아래 질문들 가운데 한두 가지를 골라 생각할 시간을 가져보자.

- **정보**: 원격 회의에서 사람들이 얼마나 많은 개별 정보를 기억하기를 기대하는가?

- **관점:** 당면한 논의 주제에 대해 어느 정도의 다른 견해가 허용되는가?
- **지침:** 토론의 각 단계에서 참석자들에게 기대하는 역할은 얼마나 명확한가?
- **이해:** 결과에 대한 그룹의 이해도를 검증하는 방법은 무엇인가?
- **상기:** 사람들이 회의에서 논의된 개념을 더 쉽게 기억할 수 있는 방법은 무엇인가?

방법과 기법

1. 시각자료로 정보의 질을 높여라.
2. 명확한 지시로 인지 부하를 줄여라.
3. 원격 공간에서의 합의점을 시각화하라.
4. 시각적으로 결과를 검증하라.

Summary

원칙

1. 공정한 기회를 만들어라.

2. 회의의 흐름을 원활하게 하라.

3. 시각자료를 활용하라.

4.

5.

6.

• 언택트 리더십 가이드 •

연결성을
강화하라

"개인과의 연결성은 일에 필요한 신뢰를 쌓게 하고, 업무와의 연결성은 에너지를 불러온다."

딕 액설라드[Dick Axelrod], 에밀리 액설라드[Emily Axelrod] [19]

속이 답답할 정도로 느려터진 운전자 때문에 도로에서 한참을 지체된 적이 있는가? 그렇다면 다음 이야기가 더 익숙하게 느껴질지도 모르겠다. 거북이처럼 기어가는 자동차 뒤에서 한참을 갇혀 있다가 첫 회의에 겨우 시간을 맞춰 도착했다. 추월 기회를 호시탐탐 노렸지만 편도 1차선 도로에서 꼼짝도 못하는 상황이 계속되었다. 시시각각 좌절감이 치솟았다. 10분쯤 후에야 드디어 추월을 했고 하루를 분노로 시작하게 만든 사람을 노려본다. 나도 어디선가 겪어본 상황처럼 들리는가?

어떤 마법의 개입으로 느려터진 운전자의 속사정을 알

• 언택트 리더십 가이드 •

수 있게 되었다고 가정해보자. 운전자 릭은 석 달 전 끔찍한 사고로 아내를 잃고 오늘도 같은 길로 운전을 하느라 힘겨워하고 있다. 그는 최근에서야 다시 운전을 시작할 용기를 냈지만 오늘따라 유난히 더 힘들었다. 릭은 할 수 있는 모든 용기를 끌어내 최선을 다해 운전하고 있었다.

우리가 누군가를 깊이 있게 이해하려고 할 때 사람들은 믿을 수 없을 만큼 다르게 행동한다. 만일 우리가 릭에게 일어났던 끔찍한 사고를 알고 있었다면 운전자에게 훨씬 더 관대했을 것이다. 급하게 추월하려는 압박감보다는 오히려 긴장을 풀고 이해하려 했을지도 모른다.

상대와 연결된 느낌을 받으면 사람들은 대개 더 너그럽고 관대해진다. 그리고 상대방은 대화에 더 자신감을 갖고 안전함을 느끼게 된다. 스카프 모델에서 우리는 관계성의 중요성을 배웠다.[20] 사회적 존재인 인간은 스스로가 타인에게 보여지는 방식을 인지하고 그에 따라 반응한다. 따라서 우리의 행동은 타인이 바라보는 시각에 커다란 영향을 받는다. 이와 관련된 내용은 아빈저 연구소에서 출간한 《상자 밖에 있는 사람들Leadership and Self-Deception》이라는 책에 잘 설명되어 있다.

> 우리가 외적으로 어떻게 반응하든 사람들은 대부분 우리가 그
> 들에 대해 마음속으로 어떻게 느끼고 있는지에 반응한다.
> —아빈저 연구소[21]

가까운 사람들에게 진심 어린 이해와 공감을 받을 때 우
리는 진정한 자신의 모습을 드러낸다. 회의도 마찬가지다.
훌륭한 회의 결과 역시 모든 참석자가 진정한 자신의 모습
을 드러내고 최고의 성과를 낼 때 만들어진다. 그렇다면 원
격 회의에서 상호 간에 연결성을 촉진할 수 있는 조건은 어
떻게 만들 수 있을까?

원격 작업은 연결성과 이해의 측면에서 특히 어려움을
겪는다. 직접 대면을 통한 상호작용은 의도하지 않게 연결
성을 만들어내기도 한다. 사람들은 연결성을 만들어내는 수
많은 기준점에 노출되어 이해받는 감정을 느낀다. 예를 들
어, 직장 동료의 셔츠를 보고 칭찬을 했다면 그 사람은 당신
과 조금 더 연결되었다고 느낄 것이다. 서로의 책상을 보고,

출퇴근할 때 인사를 나누고, 어떤 종류의 택배를 받는지 알게 되는 등 여러 사소한 사건들이 상호 간의 연결성을 서서히 형성한다. 카메라로 서로를 바라보는 것이 유일한 기준인 원격 공간에서는 쉽게 보이지 않는 요소다.

　원격 회의에서 연결성을 만들려면 의도적인 노력이 필요하다. 이를 위해 회의를 하는 동안 혹은 회의 전후로 적용 가능한 많은 전략들이 있다. 이번 장에서는 특히 전면 원격 회의와 하이브리드 회의에 적용이 가능한 '회의 중' 전략에 초점을 맞춰보겠다. 원격 회의가 끝난 이후에 연결성을 촉진하는 방안은 마지막 장에서 살펴볼 예정이다.

자세히 살펴보기

사회적 관계에서의 신경과학 살펴보기

인간의 뇌는 '위협'을 인지하는 데 지나치게 민감하다. 이 기능은 우리에게 유용한 생존 메커니즘이지만 사회적 상황에는 도움이 되지 않는 경우가 많다. 앞에서 우리가 받는 사회적 고통은 신체적 고통과 유사하다는 사실을 언급했다. 다시 말해, 인간은 사회적 고통을 경험할 때 사고의 질적인 측면에서 부정적인 영향을 받는다. 사회적 관계에서 특히 중요한 요소는 주어진 상황에서 상대에게 충분히 공감을 받았다는 감정을 느끼는지에 달렸다. 우리가 공감을 받거나 혹은 반대의 상황일 때 나타나는 현상에 초점을 둔 여러 연구에 따르면, 사회적 고통과 마찬가지로 제대로 공감받지 못하는 상황은 많은 부정적인 영향을 미친다.

모렐리Morelli와 연구진들은 인간이 이해받는 감

정을 느낄 때 뇌에 미치는 영향과 그에 따른 행동의 양상을 연구했다. 이 연구는 35명의 학부생들을 대상으로 공감을 받거나 오해를 받았을 때 그들의 뇌에서 일어나는 일을 분석했다. 연구 결과, 공감을 받으면 뇌의 보상 체계와 사회적 관계와 관련된 신경 반응이 활성화되었다. 반면, 오해의 감정은 고통에 대한 이전 연구에서 밝혀진 결과와 매우 유사한 반응을 보였다.[22] 회의에서 공감과 오해의 감정이 상호작용의 순간에 우리의 뇌에 미치는 영향과 생산적인 행동과 질적인 사고로 이어질 가능성이 더 높은 조건을 이해하는 것은 매우 유용할 것이다.

연구에서 나온 또 다른 흥미로운 가설은 초기 참여가 긍정적으로 보상되면 사람들의 보상 회로가 활성화되기 때문에 더 긍정적인 사회적 상호작용을 유도한다는 것이다. 예를 들어, 아이가 고맙다고 말하자, 엄마가 긍정적으로 답을 하면 아이는 앞으로 같은 행동을 할 가능성이 높아지는 것과 마찬가지다. 과도한 일반화처럼 들릴지 모르지만, 회의에서 어떤 종류의 행동에 보상을 부여하는지는 한 번쯤 생각해볼 만한 가치가 있다. 효과적인 회의를 위해서는 어떤 행동이 필요할까? 사람들이 협력적인 행동에 참여하고 몰입하기 위해 스스로 동기를 부여할 수 있다면 회의의 질을 한층 더 높일 수 있을 것이다. 그렇다면 사람들이 회의에서 이해받는 감정을 느끼는 확률은 어떻게 높일 수 있을까?

방법과 기법

체크인 질문으로 회의를 시작하라

회의가 시작된 직후에는 참석자들 간에 최초로 관계가

형성되는 순간을 만들고 남은 회의 시간 동안 어떤 분위기를 형성할지 결정할 수 있는 기회가 생긴다. 만약 우리의 목표가 사람들이 서로를 인간 대 인간으로 바라볼 수 있도록 하는 것이라면(앞에서 언급한 바와 같이, 연결성은 최고의 성과를 내는 것과 직접적인 관련이 있다), 분위기를 환기시키는 가벼운 체크인 질문은 회의 결과를 향상시키는 간단하고 영향력 있는 방법이 될 수 있다.

질문의 종류에 따라 다르겠지만, 회의 시작과 동시에 하는 질문들은 여러 가지 목적에 부합한다. 이 방법은 에스더 더비Esther Derby 와 다이애나 라르센Diana Larsen이 고안한 기법이다. 그들은 회의 초반에 던지는 질문의 중요성에 대해 다음과 같이 언급했다.

회의 초반에 말을 하지 않는 사람은 남은 회의 시간 동안에도 침묵할 수 있는 암묵적인 허가를 받는 것이나 다름없다.
─에스더 더비와 다이애나 라르센[23]

원격 공간에서는 침묵이 매우 쉽다. 에스더와 다이애나

가 언급했듯이, 체크인 질문은 사람들이 입을 열도록 독려하는 첫 번째 단계가 될 수 있다. 또한 촉진자들이 기술적 문제를 겪고 있는 사람은 없는지 확인하는 가장 빠르고 간단한 방법이기도 하다.

체크인 질문의 몇 가지 예를 들어보겠다. 모든 참석자가 원격 회의에 연결되면 촉진자는 이렇게 질문을 한다. "본격적으로 회의를 시작하기 전에 잠시 준비하는 시간을 가져봅시다. 오늘의 체크인 질문은……."

- "오늘 회의에 바라는 점은 무엇인가요?" 이 질문은 모든 참석자들을 '원격 공간'에 집중하게 하고 회의에서 바라는 점을 말할 기회를 제공한다. 이 정보는 촉진자와 참석자들 모두에게 유용하다. 또한 서로를 잘 알지 못하는 팀원들에게 위협적이지 않고 대답하기 쉬운 질문이다.

- "각자의 책상에 다른 사람들이 예상하지 못할 만한 물건은 어떤 게 있나요?" 또는 "좋아하는 일을 하고 있는

자신의 사진을 슬라이드에 붙여넣기 해보세요"와 같이 참석자들이 서로 개인적인 것을 공유할 기회를 주는 가볍고 재미있는 질문들을 던진다. 이러한 과정은 원격으로 회의 중인 사람들에게 연결의 순간을 만들어줄 뿐만 아니라 원격 회의 밖에서도 대화할 수 있는 주제를 제공한다. 또한 '심각함'에서 벗어나 가볍고 부담 없는 분위기를 조성하는 계기가 된다. 하지만 가벼운 질문들은 특히 신중하게 사용해야 한다. 원격 회의에서는 개별적으로 다른 상황이나 조건(팀 내 높은 갈등 등)하에서 회의가 진행될 수 있기 때문에 때로 이러한 질문들이 부적절한 경우도 있다. 또한 가볍게 던진 질문을 유치하거나 쓸데없는 질문으로 받아들여 의도하지 않게 부정적인 영향을 미치기도 한다. 촉진자가 참석자들과 더 많은 신뢰를 쌓을수록 가볍고 유머러스한 질문도 부담 없이 받아들여 더 유쾌한 회의가 진행될 수 있다.

- "현재 사람들의 에너지 수치는 어느 정도일까요? 제가 본 바로는 다섯 분은 열정이 넘치는 상태고 나머지 한

분은 당장이라도 침대에 쓰러져 쉬고 싶은 상태 같군요." 이 질문은 모든 참석자가 서로의 상태를 빠르게 가늠할 수 있게 한다. 만일 회의 시작에 앞서 참석자 가운데 한 명인 샤넌이 심각할 정도로 기운없는 상태라는 사실을 모두가 알고 있다면, 회의가 진행되는 동안 팀원들은 그녀에게 보다 더 관대해질 가능성이 높아진다. 또한 회의가 끝난 후에도 연결성을 유지하기 위해 샤넌에게 상태를 묻거나 친밀해질 수 있는 기회도 생긴다. 만일 당신이 팀 리더라면 회의가 끝난 후에 샤넌의 상태에 영향을 주는 다른 요인이 있는지 확인할 수 있는 기회가 될 수 있다. 만일 다른 팀원들도 샤넌처럼 기운이 빠진 상태라면, 촉진자는 회의 시간을 체크하고 조정하거나 다른 참고할 만한 문제가 있는지 살펴볼 수 있다.

소규모 그룹으로 분할하라

어떤 사람들은 많은 사람들 앞에서 말하는 것을 위협으

로 인식한다. 그래서 규모가 큰 집단에서는 유대감 조성이 더욱 어렵다. 회의의 규모에 따라 다르겠지만, 대형 회의의 경우 주어진 시간 내에 모든 이들의 의견을 듣는 것은 비현실적인 경우가 많다. 회의의 기여도에 대한 장벽을 낮추고 짧은 시간 내에 더 많은 의견을 수렴하는 간단한 방법은 하나의 그룹을 더 작게 쪼개고 소규모 그룹에서 모은 아이디어를 통합하는 것이다.

웅성거리는 배경 소음은 사람들에게 편안함을 주기 때문에 말을 꺼내기 편한 분위기를 조성한다. 대면 회의에서는 소규모 그룹들이 침묵을 없애고 말을 꺼내기 쉬운 분위기를 만든다. 참석자들은 그룹을 쪼개 더 작은 그룹으로 분할하고 그들에게 각각 토론 주제를 제공한 뒤 논의된 결과를 요약해 큰 그룹에 다시 전달하는 형태로 회의를 진행한다. 원격 공간에서는 그룹을 따로 생성해 배경 소음을 만들어내기는 어렵다. 대신 소규모 그룹을 활용해 덜 위협적인 환경을 만들고 사람들의 참여를 증대시킬 수는 있다. 해결책은 원격 회의 도구를 활용하는 것이다. 도구를 활용해 참석자들을 서브 그룹이나 분리된 통화로 연결하는 방법이다.

각각의 공간에 대한 가이드가 명확하다면, 참석자들을 더 작은 그룹으로 분할하는 방법으로 더 깊은 대화를 나누고 서로의 의견을 경청할 수 있다.

첫발을 먼저 내딛어라

우리는 이전 장에서 촉진자의 권한에 대해 언급했다. 사람들은 다른 참석자들의 행동보다 촉진자의 행동에 더 많은 영향을 받는다. 촉진자가 회의 중에 끊임없이 스마트폰을 보거나 집중하지 않는다면 참석자들에게서도 집중력을 기대하기 힘들다. 촉진자의 권한을 올바르게 활용할 수 있는 방법은 그들이 보고 싶은 결과대로 행동하는 것이다.

많은 이유로 원격 회의에서는 취약성이 고조된다. 아무리 취약한 공간이라고 해도 누군가는 첫 발을 내딛어야 한다. 내가 먼저 원격 회의에서 그 역할을 주도한다면 팀은 회의에서 차츰 더 나은 결과를 보일 것이다. 첫 발을 내딛는 방법은 모두에게 다르다. 누군가는 원격 회의를 시작하며 그동안 어떻게 지냈는지 안부를 묻는 질문을 던지거나 적절하다면 좀 더 개인적인 질문으로 가볍고 소소한 대화를 이어간다. 취약한 상황을 벗어나기 위해 자신의 개인적인 감정을 공유하는 것이 시작이 될 수도 있다. 누군가 먼저 말을 꺼낸다면 다른 사람들도 솔직하게 자신을 드러내는 계기가 될 수 있다.

이 방법은 미묘하지만 강력하다. 회의를 어떻게 시작할지, 어떤 행동을 모범으로 삼고 싶은지 생각해보자. 당신은 회의에 얼마나 많은 주의를 기울이고 있는가?

다양한 상황에 주목하라

우리는 다른 사람들이 회의에서 어떤 경험을 하고 있는지에 대해 쉽게 잊어버리는 경향이 있다. 원격 회의에 참석자들이 연결되자마자 바로 회의 안건을 던지는 경우도 있다. 만일 이 회의 때문에 누군가가 점심을 걸렀다면 어떨까? 방금 가족을 위해 근사한 저녁을 만들었는데 회의 때문에 저녁을 먹지 못하고 있다면 어떨까? 사람들에게 서로 다른 상황에 대한 인식을 심어주는 것은 상호 간에 유대감을 강화하는 데 큰 도움이 된다(〈그림 20〉 참조).

〈그림 20〉 서로 다른 표준시간대 의식

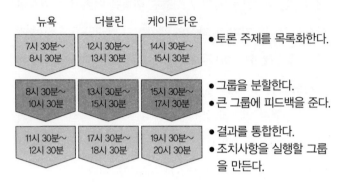

뉴욕	더블린	케이프타운	
7시 30분~ 8시 30분	12시 30분~ 13시 30분	14시 30분~ 15시 30분	● 토론 주제를 목록화한다.
8시 30분~ 10시 30분	13시 30분~ 15시 30분	15시 30분~ 17시 30분	● 그룹을 분할한다. ● 큰 그룹에 피드백을 준다.
11시 30분~ 12시 30분	17시 30분~ 18시 30분	19시 30분~ 20시 30분	● 결과를 통합한다. ● 조치사항을 실행할 그룹을 만든다.

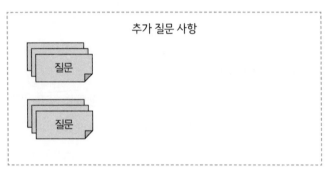

추가 질문 사항

질문

질문

적용 방법(〈그림 20〉 참조)

● 회의 안건에 서로 다른 표준시간대를 표시해 참석자들이 서로 다른 상황을 인지하게 한다.

원격 공간에 집중하라

촉진자의 역할은 사람들이 쉽게 회의에 참여할 수 있도록 하는 것이다. 회의 중에 일어나는 일에 집중하면 참석자들에게 필요한 사항을 파악하는 데 도움이 되는 유용한 기준점이 제공된다. 눈에 보이는 상황을 직접 말하고 질문을 하는 것 역시 참석자들의 경험을 명확하게 한다. 예를 들어 "첸, 표정이 안 좋은 것 같은데, 괜찮아요?"와 같이 상태를 확인하는 질문을 던지는 것이다.

회의에서 사용되는 도구에 따라 참석자들이 회의에 적극적으로 참여하려고 하는지, 문제를 겪고 있는지 알아차릴 수 있다. 누군가가 반복해서 마이크의 음소거 버튼을 누르거나 혼란스러운 표정을 짓는 상황을 알아챘다고 가정해보자. 어느 쪽이든 단순히 질문을 던지는 것만으로도 그 사람이 겪고 있는 문제를 모두가 인지하게 되고 문제를 해결하고 나면 회의에 더욱 잘 기여할 수 있는 환경이 조성된다. 또는 누군가가 말을 하고 있는데 아무도 듣지 못하는 경우도 있다. 간단히 문제를 언급하는 것만으로도 당사자의 좌절감을 완화시킬 수 있다. 참석자들에게는 자신의 경험에 관심을 기울이는 촉진자의 존재를 한 번 더 인식하는 계기가 된다. 예를 들어, "나타샤, 지금 말 하는 게 안 들려요. 혹시 음소거 해놓은 거 아닌가요?"라고 질문하는 것이다.

회의 중간에 퇴장을 허용하라

사람들이 회의 시간 동안 '갇혀 있다고' 느끼는 이유가 궁금했다. 대면 회의에서도 비슷한 현상이 나타난다. 회의에서 상호 간에 가치를 주고받는 느낌을 받지 못하는 사람들은 이 같은 감정을 느낀다. 때로 우리는 긴 회의 시간 동안 모든 사람들이 구태여 참석할 필요가 없는 회의에 촉진자로 참여하기도 한다. 이런 회의는 회사 입장에서 대개 큰 비용을 초래한다. 모든 사람들이 처음부터 끝까지 회의에 참여할 필요가 없다는 사실을 인지한다면 참석자들이 중간에 퇴장하는 것을 허용하는 것이 바람직하다.

우리는 두 발의 법칙Law of Two Feet 또는 이동성의 법칙Law of Mobility으로 알려진 오픈 스페이스 규칙을 옹호한다.[24] 오픈 스페이스의 설립자인 해리슨 오웬Harrison Owen은 다음과 같이 설명했다.

만일 당신이 무언가 배우지도, 기여하지도 못하는 특정한 상황에 처해 있다면, 언제든지 두 발을 사용해 원하는 곳으로 이동하라. 원하는 곳은 완전히 다른 그룹일 수도 있고, 햇빛이 찬란한 바깥으로 나가는 것일 수도 있다. 무슨 일이 있어도 비참한 기분으로 그곳에 앉아 있지는 않길 바란다. 자칫 쾌락주의처럼 들릴지 모르지만 이는 불행한 사람들은 생산적이지 못할 가능성이 높다는 사실을 상기시키는 중요한 원칙이다.[25]

우리는 원격 회의에서 사람들에게 이 내용을 자주 상기시킨다. 우리가 화면으로 보는 사람들은 욕구를 가진 현실의 인물이며, 그들 스스로 원하는 결정을 내려도 괜찮다는 사실을 환기시키는 것이다. 누군가 회의 중에 나가기를 선택하는 경우, 부정적인 해석과 모호성의 위험을 최소화하기 위해 비공식 채널을 활용해 상황을 공유하는 것이 도움이 된다.

연결성을 강화하라

우리가 상대방을 바라보는 시각은 우리의 행동 방식뿐만 아니라 상대에게도 큰 영향을 미친다. 회의에서 모든 참석자가 최고의 능력을 발휘할 수 있는 조건을 만드는 것은 매우 중요하다. 따라서 회의에서 상호 간에 연결성을 형성하는 것은 효과적인 회의를 만드는 핵심 요소다.

운영 책임을 맡은 회의와 관련해 아래 질문들 가운데 한두 가지를 골라 생각할 시간을 가져보자.

□ 회의 시작: 회의 시작 시점에 회의 분위기를 의도적으로 바꾸는 방법은 무엇인가?

□ 촉진자의 자세: 어떤 체크인 질문을 던질 것인가?

□ 참석자들의 개별 상황: 원격 통화에 영향을 미치는 인구통계학적 변수는 무엇인가?

□ 두 발의 법칙: 회의 중간에 퇴장하는 사람은 나머지 참석자들에게 어떤 영향을 미칠 것인가?

□ 회의 공간: 회의에서 다른 사람들은 발견하지 못한
  상황을 어떻게 알아챌 수 있는가?

방법과 기법

1. 체크인 질문으로 회의를 시작하라.

2. 소규모 그룹으로 분할하라.

3. 첫발을 먼저 내딛어라.

4. 다양한 상황에 주목하라.

5. 원격 공간에 집중하라.

6. 회의 중간에 퇴장을 허용하라.

원칙

1. 공정한 기회를 만들어라.

2. 회의의 흐름을 원활하게 하라.

3. 시각자료를 활용하라.

4. 연결성을 강화하라.

5.

6.

즐거운 학습을
가능하게 하라

"놀이는 두뇌가 가장 좋아하는 학습 방법이다."

다이앤 애커먼^{Diane Ackerman} [26]

무대공포증을 경험해본 적이 있는가? 무대공포증을 느끼는 순간 머릿속이 하얗게 변하고, 아무리 노력해도 필요한 정보를 생각해낼 수 없다. 사람들로 가득 찬 카페 앞에서 평행주차를 하려다 비슷한 기분을 느낄지도 모른다. 많은 사람들이 지켜보는 와중에 마침 주차를 기다리는 차 한 대도 내 뒤에 대기하고 있다. 심장이 마구 뛰기 시작한다. 주차 공간이 갑자기 좁아 보여서 주차가 가능할지도 걱정스럽다.

주차에 서툰 사람들이라면 누구나 경험해보았을 법한 일이다. 뇌가 위협을 감지할 때 방출되는 화학물질은 빠른 의사결정을 내리는 데 도움을 준다. 뇌는 결정 속도를 높이기 위해 복잡한 사고에서 생존에 기반한 빠른 의사결정 모드로 변화한다. 어쩔 수 없이 무대에 서야 하는 상황이라면 이런 반응은 좌절감을 안겨준다. 하지만 급박한 상황에서는 자연스러운 현상이다. 갑작스럽게 사자를 마주친다고 가정해보자. 이 상황에서 가능한 모든 시나리오들을 고려할 시간이 없다. 지체하지 않고 빠른 결정을 내려야 한다.

오늘날처럼 스트레스가 많은 세상에서는 뇌의 위협 탐지 메커니즘이 자주 발동된다. 사실 스트레스를 경험하는 데 실제로 사자가 등장하거나 평행주차를 해야 하는 상황이 필요하지는 않다. 지난번 회의가 어떻게 끝났는지 떠올리는 것만으로도 가슴이 두근거리고 긴장하는 현상이 나타나기도 한다. 별 수 없이 카메라를 바라보며 대화를 해야 하는 원격 회의에서는 두려움이 증대되고 하고 싶은 말을 기억하는 것이 더욱 어려워질 수 있다.

회의는 본질적으로 취약하고 불확실성이 많은 공간이다. 때로는 회의 결과에서 특정 개인의 기여가 비정상적으로 높은 경우도 발생한다. 촉진자가 회의 공간에 주의를 기울이지 않는다면 회의 공간의 취약성은 쉽게 두려움으로 변할 수 있다. 그리고 이러한 두려움이 누군가의 반응 메커니즘을 촉발시키는 경우 그 사람에게 양질의 사고를 기대하기는 어렵다. 사람들은 때로 작업 환경의 즐거운 학습 분위기를 비전문적이거나 부적절하다고 간주한다. 그러나 이처럼 서로 다른 사고방식이 더 효과적인 학습을 가능하게 하거나 방해할 수 있다면, 회의에서 올바른 조건을 만드는 것은 더 높은 수준의 참여를 달성하는 것과 직접적으로 관련이 있을 것이다.

촉진자로서 어떻게 하면 참석자들이 최고의 능력을 발휘할 수 있는 공간을 만들 수 있을까? 사람들의 두려움을 일으키는 화학물질의 방출을 방지하고 보다 의미 있는 대화를 지속하는 방법은 무엇일까? 두려움에 대해 알고 있는 지식을 활용하여 회의를 성공으로 이끄는 방법은 무엇일까? 우리에겐 어떤 대안이 있을까?

우리는 놀이와 관련된 사고방식과 행동들이 두려움에 대한 강력한 해답을 제공한다고 믿는다. 회의에서도 마찬가지다. 즐거운 학습에 대한 사고가 형성될 때, 우리는 뇌에 문제를 해결할 수 있는 새로운 경로를 제공함으로써 두려움의 반응을 피한다. 레고 파운데이션LEGO Foundation[27]에 따르면,

즐거운 학습 경험은 다음 다섯 가지 요소를 토대로 특징지어진다.

- 즐거움
- 의미
- 적극적인 참여
- 반복
- 사회적 상호관계

성공적인 회의를 위한 최고의 구성 요소처럼 보이지 않는가?

회의에 즐거운 학습 방식을 도입한다고 해서 갑자기 결과 중심적인 진지한 회의를 게임이나 가벼운 장난처럼 바꿔야 한다는 뜻은 아니다. 가능하다면 회의에 즐거운 학습 방식의 긍정적인 측면을 적용하되 촉진자가 사용하는 언어, 행동, 설정한 회의 분위기에 더욱 주의를 기울이라고 제안한다. 모든 회의에는 분위기를 한층 더 가볍게 만들고 호기심을 불러일으키고 두려움을 피할 수 있는 기회들이 많다. 이제 그 기회들을 발견하는 법을 배우기만 하면 된다.

자세히 살펴보기

스트레스를 받을 때 무슨 일이 일어날까?

대뇌피질 중 가장 최근에 진화된 부분인 전전두엽 피질은 복잡한 추론, 작업 기억, 그 밖에 회의에서 필요로 하는 여러 기능들을 담당한다. 전전두엽 피질은 뇌에서 위협을 인식하는 데 가장 민감한 부분이다. 이때 뇌에서 인식하는 위협을 스트레스라고 한다.[28] 스트레스는 본질적으로 주관적인 반응이기 때문에 누군가 특정 사건을 스트레스로 인식한다고 해서 다른 사람들도 반드시 똑같이 느끼는 것은 아니다(앞에서 언급한 스카프 모델을 생각해보라). 그러나 보편적으로 최적의 업무를 수행하는 능력은 개인이 경험하는 스트레스의 양과 관련이 있다.

스트레스를 경험할 때, 뇌에서 두 가지 신경전달물질인 노르아드레날린noradrenaline과 도파민dopamine의 방출이 증가하기 시작한다. 전전두엽 피질의 기능에 필수적인 이 두 가지 화학물질은 전전두엽 피질을 '깨어난' 상태로 만드는 동시에 산만함을 차단하고 집중하게 하는 여러 억제 기능을 수행한다.[29]

신경과학자들은 노르아드레날린과 도파민 그리고 인지능력 사이의 역U자 관계를 확인했다. 스트레스는 너무 적든 너무 많든 모두 성과에 영향을 미친다.[30] 휴가기간 동안 무언가를 하기로 마음먹었지만 그 사실을 완전히 잊어버린 적이 있는가? 전전두엽 피질이 작용하기 위해서는 뇌에 약간의 스트레스가 필요한데 스트레스가 전혀 없었기 때문에 마음먹었던 일을 깡그리 잊어버렸을 가능성이 크다. 너무 많은 스트레스도 마찬가지다. 과학자들은 너무 많은 스트레스에 노출되면 뇌의 인지 기능이 급격히 감소한다는 사실을 발견했다. 제2차 세계 대전 시기에 진행된 한 연구에 따르면, 고도로 숙련된 조종사들이 쉽게 발견할 수 있는 오류를 인지하지 못해 추락사를 피할 수 없었다고 한다. 이처럼 전전두엽 피질은 스트레스에 대단히 민감한 부분이다.

다시 회의 이야기로 돌아가기 전에 '스트레스 화학물질'에 대해 살펴보겠다. 화학물질은 우리 몸에서 얼마나 오래 머물 수 있을까? 즉각적인 스트레스 요인은 사라질 수 있지만(예: 스트레스를 유발하는 보스가 눈앞에서 사라진다), 전전두엽 피질에 관여하는 화학물질은 즉시 사라지지 않는다. 스트레스 효과가 사라지고 균형이 회복되기 시작하는 데 대략 10~20분 정도 걸린다는 게 일반적인 견해다.[31] 더 이상 위협 요인이 없다는 사실을 인지하더라도 최대 20분 동안은 최적의 성과를 내기 어렵다는 뜻이다. 그렇다면 30분간 진행되는 스트레스 가득한 회의는 어떤 의미를 가질까?

즐거운 학습이란 무엇인가?

놀이는 두려움에 대한 해로운 영향을 피하는 것 외에도 어린이와 어른 모두에게 강력한 학습 메커니즘으로 작용한다. 레고 파운데이션의 놀이에 관한 신경과학 문헌[32]에 따르면, 놀이는 두뇌를 학습에 참여시키기 위한 최적의 상태로 만든다. 뇌가 인지하는 학습이란 기본적인 수준과 복잡한 수준 모두에서 서로 다른 감각과 다양한 모드와 입력을 처리하고 반응하는 신경 능력을 말한다.

보다 개방적이고 가벼운 놀이 상태에서 우리의 뇌는 새로운 연결을 형성하고 새로운 시각에서 정보를 인지할 가능성이 훨씬 더 높아진다. 오늘날 조직들이 직면하는 문제의 복잡성이 증가함에 따라, 새로운 문제를 익히고 대응하는 능력은 몹시 중요해졌다. 신선한 통찰력을 얻으려면 학습에 능숙해져야 하며, 이를 위한 강력한 메커니즘은 바로 즐거운 학습 경험을 만드는 것이다.

우리는 즐거운 학습 경험의 다섯 가지 특성에 대해 더 깊이 연구해 독자들이 회의에서 이러한 조건들을 적용할 수 있도록 돕고자 한다.

- **즐거움:** 감정은 학습에 중요한 역할을 하며, 특히 즐거움의 감정은 앞에서 언급한 것처럼 뇌의 보상 회로와 관련된 도파민 증가와 연결된다.

- **의미:** 우리의 뇌는 기존에 형성된 수많은 심리지도mental maps를 사용한다. 기존 데이터에 외부의 새로운 자극이 연결될 때 의미 있는 경험이 생성된다. 이 경험은 우리가 질문에 대답하고 피드백 루프를 닫을 때 얻는 심리적 만족도와 유사하다. 즐거운 학습 경험이 보다 의미 있게

되려면 새로운 정보를 기존 정보와 연결하고 통합하는 과정이 필요하다.

- **적극적인 참여:** 특정 상황에서 우리가 얼마나 적극적으로 관여하고 자율적이라고 느끼는지의 정도는 학습 능력에 많은 영향을 미친다. 적극적인 참여는 소속감을 느끼게 하고, 권한을 부여하고, 산만함을 차단하는 훌륭한 요인이다.

- **반복(이터레이션):** 반복은 완벽에서 벗어나 서로 다른 관점을 수용하는 것이다. 연구에 따르면 이런 종류의 사고는 완벽을 추구하기보다는 서로 화합을 통해 아이디어가 형성된다는 인식을 심어주기 때문에 창의성, 유연성, 포용적 행동으로 이어질 가능성이 높다.[33]

- **사회적 상호작용:** 우리는 다른 사람들의 사회적 상태를 감지하는 데 민감하다. 즐거운 학습 경험을 만들기 위해 우리는 사람들이 서로 배우고 긍정적인 방법으로 상호작용하는 것을 안전하다고 느끼는 조건을 만들어야 한다. 최근에 참여했던 회의를 떠올려보자. 위의 특징들 중 몇 가지 요소들이 회의에 반영되었는가? 의미 있고 즐거운 학습 경험을 만들고 싶다면, 언급한 요소들을 발전시키는 방안을 고민해보자.

방법과 기법

컨테이너를 만들어라

회의를 컨테이너라고 상상해보자. 미니버스와 마찬가지로 택시를 컨테이너로 가정하고, 가치는 컨테이너를 관리하는 책임을 맡고 있다. 촉진자는 원활한 대화를 위해 컨테이너를 공들여 만들고 유지하는 역할을 한다. 회의의 목적과 함께 컨테이너의 제작이 시작된다. 회의 과정을 설명하면서 컨테이너에 색을 덧입히고, 회의가 진행되는 동안 사람들을 참여시키는 방법에 따라 컨테이너가 어떻게 유지될지의 여부가 결정된다.

당신이 만든 컨테이너는 특정 종류의 행동을 이끌어낸다. 만일 사람들을 복싱 링에 넣으면 그들은 복싱을 할 가능성이 높다. 사람들을 바운스 캐슬 안에 넣으면 즐겁게 놀 가능성이 커진다. 그렇다면 촉진자는 즐거운 학습 마인드를 불러오는 컨테이너를 만들고 유지하기 위해 어떤 역할을 해야 할까?

다음 두 문장 간의 차이를 파악해보자.

- 오늘 회의의 목적은 사건의 개요를 파악하고 다시는 이런 일이 재발하지 않도록 하기 위함이다.

- 오늘 회의의 목적은 우리를 지금의 위치로 이끈 요인을 탐구하는 데 있다. 새로운 통찰력을 찾는 것을 목표로 하고 앞으로의 방향에 대한 새로운 이해에 도달하는 것을 추구한다.

만약 당신이 이 회의에 참석했다면, 첫 번째 문장을 듣고 어떤 반응을 할 것인가? 아마 사람들의 머릿속에 위협을 알리는 경보음이 울리기 시작했을 것이다.

앞에서 회의 시작에 앞서 던지는 체크인 질문이 참석자들 사이의 관계를 형성하는 데 많은 도움이 된다고 언급했다. 체크인 질문은 회의에서 특정한 사고방식을 촉발하는 계기가 되기도 한다. 만약 촉진자가 어떤 대답도 정답이 되는 질문을 던진다면(예: 현재 프로젝트를 바라보는 시각을 나타내는 사진을 업로드하기), 사람들은 의미 있는 사고를 하는 동시에 가볍고 즐거운 마음으로 회의에 참여할 수 있고 가볍게 미소를 짓거나 의견을 공유하며 서서히 긴장을 풀게 된다. 결국 회의 시간 동안 편안한 분위기가 조성되고 참여의 장벽을 낮추는 계기가 된다.

단어를 현명하게 사용하라

체크인 질문과는 별도로 회의가 진행되는 동안 사용하는 단어나 어투에도 주의를 기울여야 한다. 질문을 할 때 개방적인 언어를 사용하는지 비난적인 언어를 사용하는지 생각해보고 다음 두 질문의 차이점을 살펴보자.

1. 카일의 제안에 문제점을 발견한 사람이 있나요?
2. 카일의 제안을 듣고 어떤 생각이 떠오르나요?

첫 번째 질문은 누군가에게 쉽게 스트레스를 주는 반응을 일으킬 수 있다. 두 번째 질문은 즐거운 학습의 핵심 요소인 호기심과 탐구심을 불러일으킨다.

흥미롭고 의미 있는 시각자료를 활용하라

우리는 원격 회의에서 시각자료가 얼마나 중요한 표지판 역할을 하는지 언급했다. 시각자료는 가벼운 분위기와 놀이를 위한 간편한 메커니즘을 제공한다. 회의 슬라이드에 웃음을 유발하는 이미지를 공유하는 것도 간단한 예시다. 상황이 적절하다면 재미있는 GIF 이미지를 활용해 사람들에게 웃음을 주고 조금이나마 스트레스를 줄여 가벼운 놀이 분위기를 만들어가기를 바란다. 시각자료가 재미를 주는 동시에 의미 있는 자료라면 최고의 효과를 누릴 수 있다.

아래 회의(〈그림 21〉 참조)는 다가올 감사와 관련된 요구사항을 해결하기 위해 개최되었다. 리스크 관리 및 컴플라이언스 업무는 감사가 야기하는 수많은 스트레스와 복잡성 때문에 사람들에게 매우 부정적인 이미지를 갖고 있다. 우리는 '채소를 섭취하는 행위'를 비유로 들어 공감대를 형성하고 가벼운 분위기를 조성하려고 했다. 실생활에서 쉽게 적용이 가능한 비유를 활용하면 더 손쉬운 추론이 가능하다.

적용 방법(〈그림 21〉 참조)

- 회의의 3단계에 아래와 같이 비유법을 적용해본다.

- **요구 사항 파악**: 어떤 채소를 먹을지 결정한다.

- **요구 사항 충족 계획**: 식단을 만든다.

- **합의된 조치**: 핵심을 캡처하는 데 사용되는 화살표 이

  미지

〈그림 21〉 대화를 끌어가기 위한 비유법 적용

리스크 관리 및 컴플라이언스

목적 : 다가올 회계감사를 위한 계획

| 어떤 채소를 먹을지 결정 (25분) | 채소로 구성된 식단 만들기 (25분) | 다음 단계 결정 (10분) |

음악으로 침묵을 해소하라

원격 통화에 접속해 인사를 건넸지만 아무도 대답하지 않고 불편한 침묵만 계속되는 상황을 경험해본 적이 있는가? 우리가 즐겨 사용하는 기법(적절한 상황이라면)은 일찍 통화에 참여한 사람들이 다른 참석자들을 기다리는 동안 음악을 재생하는 것이다. 우리가 이 방법을 활용했을 때 원격 회의에 참여하는 사람들이 음악을 듣고 바로 미소를 짓는 장면을 자주 볼 수 있었다. 음악이 재생되고 나면 참석자들은 비공식 채널 채팅에서 선곡된 음악을 언급하거나, 스파이스 걸스 노래에 대한 불만을 쏟아내거나, 특정 음악에 대한 향수를 나누고 가수의 이름을 묻는 등의 활발한 활동을 했다. 음악을 틀어놓으면 참석자들이 긴장을 풀고 회의 분위기를 우호적으로 바꿀 수 있는 기회가 생긴다.

일정 시간 각자 의견을 적는 동안에도 음악을 활용하면 좋다. 우리는 다른 참석자들이 참여하기를 기다리는 동안 먼저 들어온 이들에게 음악을 선곡할 기회를 제공했다. 이를 통해 재생되는 음악에 대해 가볍게 대화를 이어가는 시간이 마련된다(〈그림 22〉 참조).

적용 방법(〈그림 22〉 참조)

- 다른 참석자들을 기다리는 동안 먼저 들어온 사람들에게 선곡을 하라고 제안했다.

- 참석자들은 가상의 포스트잇에 음악 링크를 붙여넣는다.

- 회의 시작 전에 스마트폰이나 개인 이메일을 확인하지 않고 음악을 활용하면 모든 사람들이 회의 공간에 집중하고 산만함을 피하는 데 도움이 된다.

〈그림 22〉 좋아하는 음악 링크를 공유할 공간을 제공한다

다른 참석자들이 참여하기를 기다리는 동안
좋아하는 음악 링크를 붙여넣기 하세요.
(링크를 기록하는 시간이 이어진다.)

음악을 재생했을 때 일어났던 재미있는 에피소드가 있었다. 우리는 그 경험을 통해 교훈을 얻기도 했다. 당시 우리는 전면 원격 회의를 진행하는 새로운 팀원들이 보다 참여적이고 의미 있고 즐겁게 회의에 참여할 수 있도록 많은 에너지를 쏟고 있었다. 브레인스토밍이 진행되기 전에 우리는 참석자들에게 각자 좋아하는 노래를 재생할 수 있도록 유튜브 링크를 붙여넣기 해달라고 요청했다. 노래의 종류에는 제약을 두지 않았고 재생되는 노래에도 큰 관심을 기울이지 않았다. 그런데 잠시 후 아웃데어Outher Brothers의 '붐붐붐'이라는 노래의 노골적인 가사가 머릿속에 박히기 시작했다. 이런 분위기에서 팀원들은 유저스토리의 허용 기준(유저스토리는 프로젝트 요구사항을 파악하기 위한 접근법이다)을 진지하게 고민하고 있다는 사실을 깨달았다(이 노래를 아는 사람이라면 누구나 가사의 도덕적 딜레마를 이해하게 될 것이다). 짧은 순간에 침착함을 유지하는 동시에 어떻게 대응해야 할지 결정을 내려야 했다. 노래를 일시 중지시키자 팀원들은 술렁이기 시작했다. 이 상황이 사람들에게 어떻게 해석될지 걱정되었지만 다행히 팀원들에게는 웃음을 주는 재미있는 에피소드로 남았다.

이 일을 겪은 뒤 우리는 재생되는 노래의 종류에 대해서도 어느 정도는 제약을 두는 것이 좋겠다고 생각했다. 재생되는 노래를 듣고 사회적 관계나 문화적 차이를 고려하는 것도 간과할 수 없는 요소였다. 서정적인 가사를 담은 노래는 때로 생각을 방해할 수도 있고 음악의 볼륨 역시 고려할 대상이다. 음악을 자주 활용하지는 않지만 적절한 상황에 가끔은 시도해볼 만한 기법이다.

소소한 즐거움을 만들어라

두려움이 감도는 회의도 있고 놀이를 하는 것처럼 유쾌한 회의도 있다. 촉진자로서 회의에 즐겁고 유머러스한 분위기를 조성하면 회의의 분위기를 전환시키고 결과에도 긍정적인 영향을 미칠 수 있다. 주중에 팀에게 일어났던 흥미로운 사건이 있다면 그 내용을 회의 슬라이드에 공유하는 방법도 좋다. 촉진자가 팀원들과 같은 공간에서 업무를 하는 경우 분위기를 환기할 만한 그들만의 유머코드가 있을지도 모른다. 이렇게 소소하게 분위기를 전환하는 작은 순간들이 모이면 우리의 뇌는 서서히 반응할 위협이 없다는 것을 깨닫고 안정감을 느낀다. 사람들이 편안함을 느낄 때 상호 간의 관계 형성에도 긍정적인 영향을 미친다. 우리는 이런 방법으로 회의에 양질의 사고를 이끌어낼 수 있다.

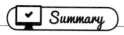

즐거운 학습을 가능하게 하라

오늘날 기업들의 업무 환경에 스트레스를 유발하는 요인들이 증가함에 따라, 창의성과 복잡한 문제해결 능력에 대한 요구도 늘어나고 있다. 이러한 현상은 흥미로운 도전 과제를 제시한다. 스트레스가 불러오는 기본적인 반응은 복잡한 문제를 해결하고 창의적으로 사고하는 능력을 억제한다. 촉진자가 두려움을 유발하는 대신 즐거운 학습을 위한 회의 공간을 조성한다면 팀원들에게 창조적이고 강력한 성과를 낼 수 있는 최고의 기회를 제공하는 셈이다. 회의에서 발생하는 두려움과 스트레스는 사람들의 참여를 억제하는 반면 즐거운 놀이는 무한한 잠재력을 열 수 있다.

운영 책임을 맡은 회의와 관련해 아래 질문들 가운데 한두 가지를 골라 생각할 시간을 가져보자.

✓ Summary

□ 컨테이너: 회의 참석자들을 위해 어떤 종류의 컨테이너를 만들고 있는가?

□ 시각자료 : 시각자료를 활용해 회의 분위기를 가볍고 긍정적으로 만드는 방법은 무엇인가?

□ 음악 : 사람들이 좋아하는 노래를 들으며 회의에 참여한다면 분위기가 어떻게 변화할까?

□ 즐거움과 유머 : 최근 팀에서 일어났던 재미있는 순간들은 무엇이었는가?

방법과 기법

1. 컨테이너를 만들어라.

2. 단어를 현명하게 사용하라.

3. 흥미롭고 의미 있는 시각자료를 활용하라.

4. 음악으로 침묵을 해소하라.

5. 소소한 즐거움을 만들어라.

원칙

1. 공정한 기회를 만들어라.

2. 회의의 흐름을 원활하게 하라.

3. 시각자료를 활용하라.

4. 연결성을 강화하라.

5. 즐거운 학습을 가능하게 하라.

6.

도구를
마스터하라

"서투른 목수는 연장만 탓한다."

대프니 듀 모리에^{Daphne du Maurier}

앞에서 언급한 미니버스 택시를 다시 떠올려보자. 미니버스는 승객들을 한 지점에서 다른 지점으로 이동시키는 메커니즘이다. 미니버스를 타는 승객들은 운전자가 버스 차량을 운전할 줄 안다는 암묵적인 믿음을 품고 있다. 운전자 뒤로 돈을 내고 탑승한 승객 20명이 앉아 있는 시점에는 당연히 운전자의 실력이 검증된 상태여야 한다.

미니버스가 A에서 B로 승객들을 안전하게 운송하는 것처럼 원격 회의에서 사용되는 도구는 회의 참석자들이 목적지에 무사히 도착할 수 있도록 돕는 역할을 한다. 최고급 성능을 갖춘 미니버스는 사람들의 여행을 더 즐겁게 만들 수 있지만, 만일 운전자가 차량을 운전하는 방법을 제대로 알지 못한다면 사람들에게 피해를 끼칠지도 모른다.

원격 회의를 계획할 때 흥미로운 도구를 활용해 회의의 에너지와 흐름을 순조롭게 이끌고 싶은 욕구는 누구에게나 존재한다. 그러나 촉진자가 도구를 제대로 활용하지 못하는 경우 도구에 대한 통제권을 잃게 될 위험이 있다. 도구에 대한 불충분한 지식은 회의의 목적과 계획에도 영향을 미칠 수 있으며 의도하지 않게 도구가 회의의 목적과 계획을 결정하는 상황이 발생할 수도 있다. 이번 장에서는 촉진자가 운전석에 앉아 제 기능을 할 수 있도록 도구에 대해 고려해야 할 사항에 대해 현실적으로 살펴보겠다.

목적부터 설정하라

특정 도구에 대한 애착이 사용하는 도구를 결정하는 데 영향을 미쳐서는 안 된다. 먼저 회의의 목적과 원하는 결과부터 설정하는 것이 바람직하다. 원하는 결과와 그 결과를 달성하기 위해 어떤 종류의 사고가 필요한지 이해하고 나면 도구를 선택하는 데 도움이 된다. 의도한 목적과 결과가 정해지면 원하는 결과를 얻기 위해 어떤 유형의 아티팩트가 필요한지를 고려해 가장 적합한 도구를 결정한다.

때로 회의에서 사용되는 도구가 회의 전체를 지배하는 경우도 발생한다. 회의 중에 방금 스크린에서 사용한 기능을 취소하는 방법을 찾느라 몇 분을 허비하는 상황처럼 말이다. 또는 사용하고 있는 도구의 특성상 붙여넣기 기능을 적용할 수 없는 경우도 있다. 결국 링크들을 직접 옮겨 적는 과정을 지켜보며 참석자들은 지루함에 빠진다. 비슷한 경험을 한 적이 있는가?

회의에서 도구를 선정할 때에는 먼저 최적화해야 할 기능을 고려한 뒤 도구를 선택하는 것이 바람직하다. 순서가 뒤바뀌면 혼란을 초래할 수 있다. 회의에서 협업을 위해 특정 도구를 사용한 뒤 회의 결과를 문서화하기 위해 또 다른 도구를 사용하는 것은 전혀 문제가 되지 않는다. 물리적으로 같은 공간에서 열리는 대면 회의에서는 굳이 도구가 없이도 이러한 과정이 자연스럽게 일어난다(회의 중에는 화이트보드를 사용하고 회의가 끝난 후에는 참석자 중 누군가가 결과를 문서화하기로 약속한다). 물론 결과를 명확하게 문서화하기 위해서는 약간의 추가 업무가 필요하다는 것을 의미할 것이다. 하지만 이 방법은 조직 전체의 지식 관리를 통합하기 위해 회의에서 양질의 사고를 희생하는 것보다는 훨씬 낮은 비용을 발생시킨다.

창의력을 요구하는 회의에서는 사용이 쉽고, 시각적이고, 실시간 협업이 가능하고, 창의적 사고를 할 수 있게 만드는 도구를 사용해야 한다. 회의에 어떤 종류의 사고 과정이 필요한지 고려하고 원하는 결과를 도출할 수 있는 도구를 선택한다. 도구의 목적이 단순히 결과를 정리하고 업무를 지정하는 데 그쳐서는 안 된다. 이대로라면 회의 결과는 도구의 한계 수준에서 머물고 말 것이다.

준비된 상태로 회의에 임하라

원격 회의는 일반적으로 대면 회의보다 더 많은 사전 준비를 요한다. 회의 결과와 회의를 진행하는 방법을 결정한 후에는 필요한 모든 아티팩트를 생성하기 위해 노력해야 한다. 예를 들어, 참석자들의 브레인스토밍 시간을 위해 디지털 스티커 메모 기능이 필요하다는 사실을 인지해 사전에 이 기능을 준비해두면, 사소한 일로 팀의 시간을 낭비하지 않고 회의의 흐름을 개선할 수 있다. 회의 중에 모든 이들이 사소한 관리 업무가 진행되는 과정을 지켜봐야 하는 시간 낭비를 없애고 당면한 작업에 집중할 수 있다.

사전 준비를 하는 또 다른 이유는 모든 참석자가 도구에 쉽게 접근할 수 있도록 하기 위해서다. 미리 링크를 공유하고 링크에 정상적으로 접근이 가능한지 확인해두면 회의에서 시간을 절약할 수 있다. 참석자들이 도구를 처음 접하는 경우라면 미리 도구를 사용해보고 익숙해질 수 있도록 한다. 참석자들이 모두 로그인하기를 기다리느라 10분을 허비하면 촉진자나 참석자 모두 불만을 느낄 수 있다. 버스에 앉은 20명의 승객들이 출입문을 제대로 열지 못해 10분을 허비하는 사람 때문에 기다리는 장면을 상상해보라. 답답하지 않은가?

필요하다면 방향을 바꿔라

대면 회의도 그렇지만 일이 계획대로 되는 경우는 드물다. 촉진자의 역할은 그룹이 성과를 달성하도록 돕는 것이다. 회의에서 새로운 사실이 발견되면 촉진자는 작업 방향을 바꾸고 나머지 시간 동안 새로운 방향을 탐색하는 것도 주저하지 않아야 한다. 원격 회의를 사전에 세심하게 계획한 경우 회의 중에 방향을 바꾸는 것을 꺼릴 수도 있다. 팀원들에게 공유하고 싶었던 슬라이드를 삭제하기가 아쉽거나 내가 계획했던 회의 진행 기법이 훨씬 더 흥미롭다고 느낄지도 모른다. 촉진자의 역할을 염두에 두고 참석자들을 지원하기 위해서라면 기꺼이 도구를 포기할 줄도 알아야 한다.

비공식 채널과 공동 퍼실리테이션

또 한 가지 고려해야 할 사항은 그룹 전체를 방해하지 않고 원격 통화 중 문제를 겪는 사람들의 불만을 충족시키는 방법이다. 비공식 채널, 공동 퍼실리테이션, 보조 도구는 이러한 복잡한 문제를 처리하는 데 도움이 되는 예비 메커니즘 역할을 한다. 예를 들어, 줌^{Zoom}(화상회의 소프트웨어) 비디오 콜을 사용하려고 하는데 줌 소프트웨어에 오류가 발생하는 경우 슬랙으로 대체할 수 있다고 미리 알린다. 또 다른 중요한 대안은 가능하다면 공동 촉진자를 두는 방안이다. 한 사람이 관리 측면과 기술적 세부사항을 처리하는 동안 다른 사람은 그룹 전체에 초점을 두고 회의가 진전되도록 조정하는 역할을 맡는 방법이다.

회의 아티팩트를 결과와 동일시하지 마라

대면 회의에서 화이트보드가 담당하는 역할을 살펴보자. 화이트보드는 사고와 협업을 가능하게 하는 도구다. 팀원들은 아이디어를 브레인스토밍하는 과정에서 화이트보드를 사용하고, 회의가 진행되는 동안 발생하는 복잡한 맵을 공유하기도 한다. 화이트보드 시각자료는 참석자들의 사고 과정을 지원하는 도구다. 마찬가지로 원격 회의 중에 새롭게 생성된 내용을 담을 수 있는 사진이나 다른 메커니즘이 있다면 참석자들의 마인드맵을 강화할 수 있다.

우리는 원격 회의에서 흥미로운 경향을 관찰했다. 원격 협업 도구의 사용이 회의 아티팩트에 대한 과도한 집착으로 이어지고, 회의가 진행되는 동안 비효율적인 행동을 유발하는 상황이다. 팀은 시각적으로 함께 사고하기 위해 특정한 도구를 사용한다. 그러나 생성되는 아티팩트가 점차 증가함에 따라, 참석자들은 불필요한 코멘트를 삭제하거나 핵심 내용을 요약하는 등 아티팩트를 보기 좋게 정돈하는 데 신경을 기울인다. 이러한 욕구는 회의의 가장 중요한 목적인 '함께 사고하는' 과정을 방해한다. 결과를 정리하는 작업은 필수적이지만 함께 사고하는 단계가 마무리되고 난 후에 시작하는 것이 바람직하다. 결과를 정리하는 데 모든 참석자가 참여할 필요는 없기 때문에 이 작업은 비동기적으로 수행한다. 화이트보드를 사용하고 나면 깨끗이 닦듯이, 원격 회의에서 사용된 디지털 아티팩트도 사용 목적을 달성한 후에는 삭제하는 것이 좋다.

다음은 아티팩트의 예다(〈그림 23〉 참조).

그림을 보면 정리 내용이 다소 산만해 보이기는 하지만 다양한 코멘트들이 적혀 있고, 팀의 사고 과정이 가시적으로 정리되었음을 알 수 있다. 팀은 회의를 진행하면서 아티팩트들을 깔끔하게 정리하려고 하기보다는, 당면한 대화에 집중하는 편을 선택했다.

<그림 23> 회의 아티팩트

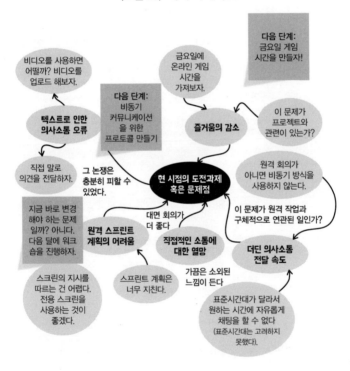

• 언택트 리더십 가이드 •

회의가 끝난 후 팀이 결과를 어떻게 도출할 수 있는지 보여주는 예다(〈그림 24〉 참조).

회의 요약

목적: 원격 재택근무를 하며 겪는 도전 과제들을 탐구하고 개선할 기회를 확인한다.

결과

1. 비동기적 커뮤니케이션을 위한 프로토콜 생성(안드레아와 모니크 – 12월 20일)
2. 금요일 게임 시간 생성(타보와 아이샤 – 12월 15일)

오픈 토픽
– 스프린트 계획을 개선하는 방법
– 전달 속도 문제

회의노트 연결링크 : www.miro/sdasdd...

〈그림 24〉 회의 결과

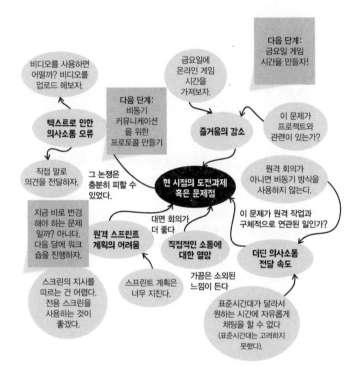

접속과 보안 문제를 고려하라

촉진자들은 회의에서 주로 사람들의 반응에 초점을 둔다. 그래서 보안이나 접속 도구는 우리가 회의에서 가장 먼저 고려한 사항은 아니었다. 하지만 이러한 고려 요소들 역시 회의에서 의미 있는 영향을 미칠 수 있다. 무료 도구를 사용하기로 결정했다면 회사의 보안을 손상시키지 않도록 주의를 기울여야 한다. 사용자 접속 문제를 고려하는 경우 계정 생성을 꺼리는 이들도 있기 때문에 별도의 계정을 만들지 않아도 되는 도구가 선호된다.

우리는 구글 슬라이드를 기본으로 사용한다. 구글 슬라이드는 무료로 사용이 가능하고, 사용자가 쉽게 바꿀 수 있고, 간편하고, 공유가 안전하다(사용권한은 다양한 수준에서 설정이 가능하다). 또한 구글 슬라이드는 파워포인트와 비슷하기 때문에 대부분의 사람들이 사용법에 익숙하다는 장점이 있다. 모든 참여 그룹들이 기본적인 도구 사용법에 능숙한 것은 특히 중요하다. 그렇지 않은 경우 도구와 관련된 상호작용의 복잡성을 적절하게 조정해야 하며 각 회의에 대한 단계별 지침도 빠짐없이 거쳐야 한다.

도구를 선택하라

새로운 도구들은 매일 생겨나기 때문에 책에서 특정한 도구를 명시하지는 않겠다. 오늘날 원격 재택근무의 움직임은 빠르게 확산되고 있으며 원격 공간에서 활용 가능한 도구들도 마찬가지다. 그렇다면 도구는 어떤 기준으로 선택할 것인가? 접근과 보안 문제 외에도 다음 사항을 고려한다.

- **협업 도구**: 협업을 촉진하는 도구는 직관적이고 이해하기 쉬우며 유연해야 한다. 다시 말해, 즉각적으로 시각적 요소를 구성하고 그 요소들을 쉽게 이동할 수 있어야 한다(예: 그룹을 짓거나 연결시키기). 도구의 개별적인 특징과는 별개로, 가장 필수적인 요소는 사용자들이 손쉽게 실시간으로 편집을 하는 기능이다.

- **회의 도구**: 온라인 회의에서 사용되는 도구는 고품질이어야 한다. 회의 도구에 돈을 투자할 수 있다면 온라인 회의를 위한 도구에 사용하는 것이 좋다. 기능이 형편없는 오디오나 비디오는 산만함을 유발하는 원인이 된다.

따라서 대역폭(특정 송신전파의 주파수 – 역자) 문제를 해결하는 솔루션을 내장하고 있는 도구를 사용한다. 그 밖에 스크린 공유, 스크린에 주석 달기 기능, 투표/조사, 브레이크아웃 룸 기능을 갖춘 도구를 선호한다.

- **프레젠테이션 도구**: 정보 전달을 위한 회의에서는 협업이 불필요한 경우도 많다. 하지만 사람들의 지속적인 참여가 중요하다면 협업은 반드시 필요하다. 프레젠테이션을 보완하기 위한 도구를 찾을 때, 우리는 참석자들이 실시간으로 질문을 보고, 의견을 토대로 우선순위를 매기고, 피드백을 쉽게 얻고, 평등하게 텍스트 기반의 토론을 할 수 있는 채널이 가능한 도구를 선호한다.

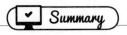

도구를 마스터하라

차량의 작동방법을 제대로 파악하지 못한 운전자는 승객을 위험에 빠뜨린다. 마찬가지로 회의 도구를 제대로 이해하지 못하는 촉진자는 회의 전체를 위험에 빠뜨린다. 회의 전에 도구 사용에 익숙해지는 시간을 갖자. 목적에 맞고, 쉽게 사용이 가능하고, 안전한 도구는 사용법을 제대로 모르는 화려한 도구보다 훨씬 더 유용하다.

운영 책임을 맡은 회의와 관련해 아래 질문들 가운데 한두 가지를 골라 생각할 시간을 가져보자.

□ 목적 : 회의를 통해 달성하려는 목적은 무엇인가?

□ 준비 : 모든 참석자들의 경험을 더 순조롭게 하기 위해 회의 전에 어떤 준비가 필요할 것인가?

□ 접근성 및 보안 : 사용 중인 도구의 보안 정책에 대해 얼마나 잘 알고 있는가?

방법과 기법

1. 목적부터 설정하라.

2. 준비된 상태로 회의에 임하라.

3. 필요하다면 방향을 바꿔라.

4. 비공식 채널

5. 공동 퍼실리테이션

6. 회의 아티팩트를 결과와 동일시하지 마라.

7. 접속과 보안 문제를 고려하라.

8. 도구를 선택하라.

원칙

1. 공정한 기회를 만들어라.

2. 회의의 흐름을 원활하게 하라.

3. 시각자료를 활용하라.

4. 연결성을 강화하라.

5. 즐거운 학습을 가능하게 하라.

6. 도구를 마스터하라.

원격 회의 종료 후:

원격 회의가 끝난 뒤
연결성을 유지하는 방법

원격 회의가 이제 막 마무리 단계에 이르렀다고 생각해 보자. 추후 조치 사항을 정리하고 팀원들이 원하는 발언을 다 했는지 확인하느라 정신이 없을 것이다. 대화는 충분히 만족스러웠고 참여율도 높았다. 촉진자는 이번 회의가 팀에 미칠 영향에 대해 긍정적으로 생각하고 있다. 모두들 인사를 나누고 회의는 끝이 난다. 팀원들은 자신의 업무로 복귀하고 다음 회의까지는 별도의 소통이 없다.

회의는 에너지가 넘치는 순간이다. 참석자들의 협업, 사고력, 집중력이 모이면 하루 만에 연결성을 형성할 수 있는 독특한 기회를 만들 수 있다. 하지만 팀이나 조직에서 협업이 이루어지는 유일한 방법이 회의가 되어서는 안 된다. 이번 장에서는 원격 회의가 종료된 직후에 해야 할 일과 다음 회의를 열기 전까지의 시간 동안 해야 할 일들을 각각 살펴보겠다.

회의 내용을 곧바로 정리하라

이제 막 원격 회의가 끝난 후에는 모든 사람들의 머릿속에 아직 신선한 소통의 흔적이 남아 있다. 그래서 회의가 끝난 직후의 시간은 매우 중요하다. 회의 내용을 한 번 더 정리하고 반복하면(특정한 행동이었든 인간적인 연결의 순간이었든 상관없다) 참석자들은 회의 내용을 더 생생하게 기억하게 된다. 우리 뇌에 작은 통로가 생겼을 때 바로 그 통로를 보강하면 통로는 그대로 남아 있을 가능성이 높다. 원격 촉진자로서 우리는 회의에서 일어났던 긍정적인 일들을 강조하고 반복하여 앞으로 회의에서 같은 일이 더 자주 일어나기를 바란다. 이런 방법이 쌓이다 보면 결국 긍정적인 행동과 반응은 팀 문화에 자연스럽게 동화된다.

회의가 끝난 즉시 회의 내용을 정리하고 강조하는 방법에 대한 몇 가지 실제 예시를 살펴보겠다.

- 회의 결과/결정사항/추후 조치내역이 담긴 스크린 숏을 참석자들의 이메일로 발송한다.

- 조직에서 메신저 앱(예: 슬랙, 스카이프)을 사용하는 경우 모두에게 감사의 메시지를 보내고 회의에서 관찰한 내용을 간단하게 공유한다.
  "참여 감사합니다. 에너지가 가득한 회의였고, 유용한 대화가 오고갔다고 생각합니다."

- 회의에서 일어난 흥미롭고 비일상적인 사건을 공유한다. 어쩌면 원격 회의 도중에 누군가의 자녀가 화면에 불쑥 나타났었는지도 모른다. 참석자들에게 흥미를 유발했던 사건을 다시 한 번 상기시킨다. 그렇게 하면 화면 밖의 실제 참석자들을 한 번 더 떠올릴 수 있는 기회가 된다. 간단히 이렇게 전한다.

"사랑스러운 퀸톤에게 갑작스런 출연 정말 반가웠다고
전해주세요."

● 짧은 끝인사를 보낸다. 간단한 인사는 비록 잠깐이지
만 원격 회의가 끝난 후 작은 연결의 순간을 만들어낸
다. 서로 다른 표준시간대를 언급하며 분위기를 환기
시킬 수도 있다.
"모두 수고하셨습니다. 저는 이제 커피를 한 잔 해야겠
네요. 좋은 하루 혹은 즐거운 저녁 보내시길 바랍니다."

부정적인 결과에 대처하라

참석자들 간에 갈등이 감지되는 원격 회의에 참여해본
적이 있는가? 누군가 형편없는 발언을 하거나 대화가 오가
지 않는 침묵이 지속되는 상황 등 회의에서는 다양한 갈등
이 발생한다. 이런 상황이라면 참석자들의 표정에서 곧바로
좌절감을 읽을 수 있을 것이다. 원격 공간에서는 회의 중의
갈등을 간과하거나 무시하기 쉽다. 원격 회의가 끝나면 갈

등 상황은 일단 눈앞에서 사라진다. 따라서 문제를 해결하려면 회의가 끝난 이후에도 관련된 사람들과 연락을 하는 등의 의도적인 노력을 기울여야 한다. 갈등이 해결되지 않는다면, 갈등은 점점 더 대처가 어려운 기능 장애를 만들고 상황을 악화시킨다. 특히 분산된 원격 환경에서는 더욱 그렇다.

원격 공간은 특성상 민감할 수밖에 없으며 구체적인 상황이나 사람들의 요구에 따라 상황에 기반한 반응과 직관이 필요하다. 사람들은 원격 통화 중에 불편한 상황이 생기면 다음 회의에서는 문제가 개선되기를 바란다. 하지만 원격 공간에서 자연스럽게 문제가 해결되리라는 희망은 가급적 피해야 한다. 원격 공간에서 문제가 저절로 해결되는 경우는 거의 없기 때문에 문제해결에 더욱 의도적으로 접근해야 한다. 만약 통화 중에 누군가 불쾌한 행동을 했다면, 통화가 끝난 뒤 당사자에게 건설적인 피드백을 전달함으로써 문제를 해결한다. 혹은 회의 중에 누군가가 우울해 보였다면, 상태가 괜찮은지 확인해보는 것도 좋다. 원격 회의의 질은 참석자들 간에 이루어지는 상호작용의 질적인 측면에 많은 영향을 받는다.

비동기적 커뮤니케이션을 도입하라

회의는 동기식 의사소통의 한 형태다. 우리가 누군가에게 문자를 보내고 나면 즉각적인 응답을 기대하는 것과 마찬가지다. 오늘날 수많은 분산 기업들distributed companies은 특정한 장소에 입지를 두기보다는 유연성과 기술 접근성을 선택해 자유로운 근무방식을 추구한다. 동기식 커뮤니케이션은 분산 기업들의 목표와 상충할 수 있다. 표준시간대의 차이와 유연성에 대한 가치를 고려하면 동기식 커뮤니케이션에 대한 과도한 의존은 조직에 경직을 불러온다. 동기식 커뮤니케이션에 의존하게 되면 표준시간대나 다른 이들의 요구와는 상관없이 참석자들은 항상 온라인 상태에 로그인 된 상태여야 한다.

비동기 커뮤니케이션의 예로는 누군가 제안이 담긴 문서를 작성하고, 의견을 받기 위해 문서를 공유하고, 피드백의 마감일을 정하는 것(예: 3일 후)을 예로 들 수 있다. 참석자들은 각자의 원하는 시간에 의견을 적고, 질문을 던지고, 서로의 생각을 공유할 수 있다. 만약 참석자들의 의견이 일치하고 명확한 결과가 도출된다면 굳이 회의가 필요하지 않다.

하지만 새로운 견해나 논쟁거리가 있다면, 문제해결을 위한 회의가 소집된다.

팀에 더욱 활발한 비동기적인 커뮤니케이션을 도입하고자 한다면 다음 지침을 참고하자.

- **기본적인 신뢰**: 만약 즉시 답변을 받지 못하는 상황이 생기더라도 부정적인 의도를 앞서 추측하지 않는다. 상대방이 필요한 업무 처리를 끝낸 뒤 가능할 때 빠르게 답변할 것이라고 신뢰한다. 즉각적인 응답을 기대하지 마라.[34]

- **직접 소통**: 텍스트를 사용하는 경우 오해가 발생할 소지가 있다. 의심스러운 상황이라면 직접 소통한다.

- **제약 조건 생성**: 결정과 행동에 너무 오랜 시간을 허비하지 않도록 문서에 제약 조건을 설정하는 것이 좋다. 응답 마감일을 설정하거나 특정 조건에 도달한 경우(예: 20개 이상의 코멘트 미응답) 다음 단계를 명확하게

제시한다.

대면 회의는 연결성을 만들고 복잡한 문제를 해결하는
데 중요한 역할을 한다. 하지만 간단한 이메일이면 끝날 수
있는 문제들이 간혹 지루한 회의로 이어진다는 사실도 잘 알
고 있다. 비동기 커뮤니케이션은 원격 회의가 끝난 후에도
팀의 생산성과 협업을 유지하는 중요한 도구다.

직접적인 소통 방식을 모방하라

회의는 참석자들 간에 형성되는 관계의 질적인 측면에 영
향을 받는다. 그렇다면 회의가 끝난 후에도 상호 간의 연결성
을 유지하려면 어떻게 해야 할까? 한 공간에 근무하는 팀원
들 사이에서는 관계를 형성하는 우연한 순간들이 다양하게
존재한다. 플레이스테이션을 하며 함께 시간을 보내거나 동
료가 망가진 컴퓨터에 욕을 퍼붓는 장면을 보고 낄낄대며 웃
는 일이 있을 수도 있다. 이 모든 소소한 순간들은 의도치 않
게 서로 관계를 형성할 기회를 제공한다. 하지만 원격팀들은

이렇게 자연스러운 관계 형성이 쉽지 않다. 물론 불가능하다는 것은 아니다.

새로운 원격팀들과 대화를 시작할 때 우리는 질문을 던지는 방법으로 의식을 환기시킨다. 예를 들어 "원격팀에서는 회사 생활을 하며 누구나 즐겁게 경험해봤을 법한 직접적인 경험들을 놓치게 될 수 있습니다. 직장생활을 하면서 팀원으로서 특히 즐거웠던 경험은 무엇이었나요?"라고 묻는다. 사람들은 질문을 듣고 원격 공간에서 그 경험들을 어떻게 모방하고 실현할 수 있는지 창의적으로 생각할 기회를 갖는다. 팀원들 중 일부는 다음과 같은 경험들을 언급했다.

● **음악**: 스포티파이에서 팀별로 즐겨듣는 음악 재생 목록을 만들어 계속 추가해나갔다.

● **가벼운 대화**: 적극적으로 대화를 하려는 의도가 아니라 한 공간에서 함께 일하고 있다는 공감대 형성과 간혹 필요한 의견을 전달하기 위해 누구나 참여할 수 있는 러닝콜을 열었다.

- **가상 게임 시간:** 스팀^{Steam}의 잭박스^{Jackbox} 게임을 즐겨 했다. 일부 팀들은 간혹 게임을 하며 함께 시간을 보냈다. 잭박스 게임은 가상 보드 게임과 비슷한 방식이다.

팀원들과 함께한 소소한 경험을 통해 창의력을 발휘할 수 있는 기회가 형성된다. 여기서 중요한 것은 팀원들에게 직접 선택할 기회를 주는 것이다. 팀원들이 새로운 활동을 제안하거나 시도하기로 결정한다면, 그 일은 성공 가능성이 훨씬 높다. 질문을 던지되 팀원들이 스스로 답을 찾을 수 있도록 하자.

원격팀의 합의 사항을 설정하라

팀원들 간에 흥미로운 기법을 만들고 함께 즐길 수 있는 활동을 찾는 것만이 필요한 대화의 전부는 아니다. 팀에서 고려해야 할 또 다른 중요한 점은 분산된 원격 환경에서 팀 관련 활동을 어떻게 수행할지에 대한 합의점을 찾는 것이다. 명확한 합의점을 설정하는 것은 원격 공간을 설정하는 기본이다. 원격 회의 밖에서의 행동이나 태도는 원격 회의가 진행되는 중에 나오는 행동과 직결된다. 그렇다면 피드백은 어떻게 제공되어야 할까? 원격 회의에서 서로 말하는 것을 볼 수 없다면, 진행되는 대화를 가시적으로 보여주는 방법은 무엇일까? 유용성에 대한 기대치는 어떻게 관리하고 있는가? 선택할 수 있는 질문은 많다. 원격 공간에서 진정한 팀이 되는 방법과 기본적인 합의 사항을 수립할 수 있는 충분한 시간을 제공하자.

원격 회의가 끝난 뒤 연결성을 유지하는 방법

원격 공간에서는 회의가 끝난 직후의 시간을 활용해 달성된 결과를 점검하고 협력적인 팀 문화를 형성하는 기회를 만들 수 있다. 회의가 끝난 직후에는 아직 팀원들의 머릿속에 회의에서 논의된 내용들이 신선하게 남아 있다. 그 시간을 활용해 팀원들에게 추후에 해야 할 업무를 다시 한 번 상기시키고 개인적인 관계를 강화하는 것이 바람직하다. 만일 회의에서 전혀 도움이 되지 않거나 잠재적으로 문제를 일으킬 만한 사건이 일어났다면 반드시 오프라인에서 후속 조치를 취해야 한다. 문제를 원만하게 해결하기 위해 추후에라도 건전한 해결책에 도달하는 것이 좋다. 마지막으로, 일반적인 회의의 틀에서 벗어나 직접적인 상호작용을 통해 관계를 형성하는 메커니즘을 찾을 수 있는 기회가 마련된다.

운영 책임을 맡은 회의와 관련해 아래 질문들 가운데 한두 가지를 골라 생각할 시간을 가져보자.

- □ 빠른 정리: 최근에 참여했던 회의에서 일어난 행동들 가운데 다음 회의에서 모방하고 싶은 행동이 있는가?

- □ 기능 장애: 원격 회의에 참여했을 때 긴장감은 어떻게 대처했는가?

- □ 재미: 원격팀에게 소소한 즐거움을 소개하는 방법은 무엇인가?

방법과 기법

1. 회의 내용을 곧바로 정리하라.

2. 부정적인 결과에 대처하라.

3. 비동기적 커뮤니케이션을 도입하라.

4. 직접적인 소통 방식을 모방하라.

   a. 음악 재생 목록을 만들어라.

b. 가벼운 대화 시간을 가져라.

c. 가상의 게임 시간을 가져라.

5. 원격팀의 합의 사항을 설정하라.

통합하기

효과적이고 질 높은 회의는 조직에 매우 중요한 가치가 있다. 우리의 목적은 원격 촉진자들이 원칙에 입각한 실행 방법을 활용할 수 있도록 권한을 부여함으로써 원격 회의의 질을 향상시키는 것이다. 책의 서두에서 사람들이 원격 회의에서 흔히 경험하는 공통적인 어려움을 담은 몇 가지 사례를 소개했다. 독자들이 책에서 발견한 지식을 실제에 어떻게 적용할 수 있는지 점검하기 위해 앞에서 살펴본 두 가지 사례의 결과를 다시 소개하겠다. 마지막으로, 책에서 논의한 세 가지 다른 관점인 원칙, 과학, 기법을 총체적으로 살펴보자.

같은 사무실에서 근무하는 팀이 원격 재택근무를 시도한 사례

대면 회의는 순조롭게 진행했는데 원격 회의에서는 늘 고전했던 팀을 기억하는가? 원격 회의에서는 팀원들이 무의식적으로 의지해왔던 집단 규범의 적용이 어려웠다. 말로 진행되는 의사소통 방식이 대부분을 차지하는 원격 회의는 원활한 진행을 위해 생각보다 많은 노력이 필요했다. 팀원들이 회의 중에 경험했던 여러 기술적인 문제들은 회의의 전반적인 흐름을 방해했고, 참석자들은 회의를 지루하고 불편하게 느꼈다.

다음 그림은 해당 팀이 이후에 진행했던 스프린트 리뷰 중 하나에서 가져온 캡처 화면이다(〈그림 25〉, 〈그림 26〉, 〈그림 27〉 참조). 애자일 프레임워크에 익숙하지 않은 사람들을 위해 간단히 설명하자면, 스프린트 리뷰는 반복 주기(특정 작업을 완료하기로 합의한 시점)가 끝날 때 팀이 함께 모이는 스크럼 회의Scrum meeting를 뜻한다. 스프린트 리뷰[35]의 목적은 팀원들과 이해관계자들이 성취한 업무 내용을 살펴보고, 피드백을 제공하고(어쩌면 업무 결과가 기대한 바와 다를 수도 있다), 피드백 결과를 토대로 전반적인 작업 계획을 알리고 업데이트하는 것이다.

회의의 기본 틀을 설정할 때 우리는 집단 규범에 특히 주의를 기울였고 팀원들이 우리가 제안한 내용들을 추가하거나 변경할 수 있도록 미리 설정해두었다(〈그림 25〉 참조). 이 단계에 많은 시간을 투자할 필요는 없지만 간단한 사전 확인은 회의의 소통을 명확하게 한다는 장점이 있었다.

〈그림 25〉 목적, 안건, 작업 합의

목적

진행 작업이 다음 스프린트에서 어떤 의미가 있는지 살펴봄으로써
계획을 발전시킨다.

1. 빠른 체크인(5분)
2. 완료된 데모 스토리보드(20분)
3. 계획 조정(20분)
4. 추가할 사항?

 〈그림 26〉 체크인 질문

이번 스프린트에 대해 어떻게 느끼는가?
내 기분을 표현하는 사진을 찾아보자… (5분)

〈그림 27〉 참석자들은 이미지 붙여넣기를 통해 질문에 답한다

이번 스프린트에 대해 어떻게 느끼는가?
내 기분을 표현하는 사진을 찾아보자.

스프린트 리뷰는 약간의 긴장감이 조성될 수 있는 회의다. 스프린트 리뷰가 원격으로 진행되면 더 긴장을 늦출 수 없는 분위기가 조성될 수 있기에 우리는 회의 시작에 앞서 분위기를 환기시키는 체크인 질문을 던졌다. 무거운 분위기에서 벗어나 지난 주기의 작업 진행 상황에 대해 팀원들이 창의적으로 생각할 수 있도록 하기 위함이었다(〈그림 26〉, 〈그림 27〉 참조). 흥미로운 점은 체크인 질문에서 서로 공유했던 이미지들 가운데 일부가 회의 시간 동안에도 계속 언급이 되었다

는 점이다. 이미지들은 스프린트 회고에서도 다시 분위기를 환기시키는 역할을 했다. 팀원들은 서로의 견해와 관점을 공유하면서 함께 웃고, 한숨을 쉬고, 동의의 끄덕임 등의 제스처를 취했다. 회의 분위기는 한층 더 가벼워졌고 촉진자로서 우리는 사람들이 원격 공간에 좀 더 몰입하고 연결되어 있다는 느낌을 받았다.

각 슬라이드에는 생각할 시간이 필요하거나, 문제를 제기하고 싶거나, 원하는 내용을 추가하는 방법을 잘 모르는 사람들을 위해 의견을 적을 수 있는 기능이 있었다. 우리가 사전에 만들어놓았던 가상의 포스트잇은 사람들의 의견들로 금방 채워졌다. 이 과정에서 참석자들의 좌절과 불안감이 대폭 감소되었다. 또한 적힌 내용 가운데 흥미로운 주제들에 대해 새롭게 토론할 기회도 얻었다.

우리는 가능한 한 대화에 시각적으로 접근해 팀원들이 보다 수월하게 사고할 수 있도록 노력했다. 팀원들이 검색을 하느라 시간을 허비하지 않고 정보에 빠르게 접근할 수 있도록 팀원들에게 가상 스프린트 보드의 스크린 숏(〈그림 28〉 참조)을 제공했다. 타임 박스와 지시사항은 가시적으로 명확하게

피드백/질문

완성된 내용 검토

1. 완료된 스토리를 확인한다.
2. 스크린과 데모를 공유한다.

설정했다. 회의 중에 기술적인 문제를 겪더라도 여전히 대화가 진행되는 내용을 보고 진행되는 작업들을 누락할 일이 없

도록 했다. 이처럼 그룹 전체에 미치는 기술적 결함의 영향을 최소화하는 방향으로 회의를 운영했다(〈그림 29〉 참조).

〈그림 29〉 코멘트가 추가된 팀의 가상 스프린트 보드

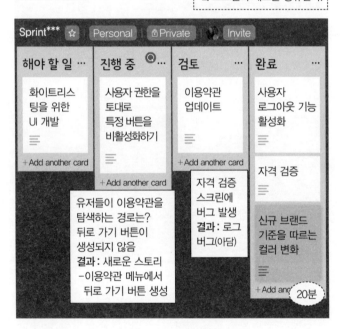

피드백/질문

완성된 내용 검토

1. 완료된 스토리를 확인한다.
2. 스크린과 데모를 공유한다.

Sprint*** ☆ Personal 🔒 Private 👥 Invite

해야 할 일 ···
화이트리스팅을 위한 UI 개발
≡
+ Add another card

진행 중 🔄 ···
사용자 권한을 토대로 특정 버튼을 비활성화하기
≡
+ Add another card

유저들이 이용약관을 탐색하는 경로는? 뒤로 가기 버튼이 생성되지 않음
결과: 새로운 스토리 −이용약관 메뉴에서 뒤로 가기 버튼 생성

검토 ···
이용약관 업데이트
≡
+ Add another card

자격 검증 스크린에 버그 발생
결과: 로그 버그(아담)

완료 ···
사용자 로그아웃 기능 활성화
≡

자격 검증
≡

신규 브랜드 기준을 따르는 컬러 변화
≡
+ Add ano (20분)

작업 내역을 모두 보고 난 후에 우리는 프로젝트 계획을 회고하기 위해 대화 주제를 변경했고 팀이 작업하고 있던 기존의 타임라인을 완성했다(〈그림 30〉 참조). 완벽하지는 않지만 우리의 목적은 팀원들이 타임라인에 쉽게 접근하고 변경이나 추가가 가능하도록 하는 것이었다(오프라인에서는 더욱 정확한 타임라인을 동시에 업데이트했다). 동시에 사람들에게 아이디어를 적는 시간을 부여했고(포스트잇이 채워졌다), 토론을 바탕으로 타임라인의 블록을 이동시켰다(〈그림 31〉 참조).

마지막으로, 우리는 이전 슬라이드를 살펴본 후 후속 작업이 필요한 내용들을 복사하고 회의를 마무리했다(〈그림 32〉 참조). 팀원들이 모두 공동으로 작업해서 이 단계는 빨리 끝낼 수 있었다. 그 다음 참석자들에게 두 가지 간단한 질문을 던졌다. "누가 후속 작업을 책임지면 될까요?"와 "마감기한은 언제로 잡을까요?"였다. 그리고 회의에서 나온 작업 내용을 요약한 뒤 회의를 끝냈다.

회의는 명확성과 기여도가 높아진 결과로 더욱 순조롭게 진행되었다. 소소한 즐거움의 순간들이 그룹을 더 긍정적이

〈그림 30〉 타임라인을 활용해 계획 시각화하기

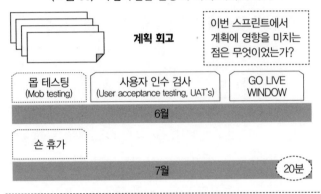

〈그림 31〉 참석자들이 서로 소통한 이후의 타임라인

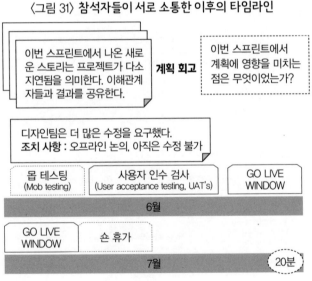

• 언택트 리더십 가이드 •

고 몰입하는 쪽으로 바꾸어놓았다. 언어적 의사소통의 의존도가 훨씬 높은 원격 회의에서도 팀원들은 메모할 수 있는 기회와 시각적인 의사소통이 가능했다. 사전에 준비된 기법들은 회의 중의 의사소통을 더욱 원활하게 만들었다. 팀원들은 회의에서 의미 있는 결과를 얻었다고 느꼈다.

〈그림 32〉 회의 조치 사항 기록

디자인팀은 더 많은
수정을 요구했다.
조치 사항: 오프라인 논의,
아직은 수정 불가
아담–다음 주

내용 – 담당자 – 기한

유저들이 이용약관을
탐색하는 경로는?
뒤로 가기 버튼이
생성되지 않음
결과: 새로운 스토리
– 이용약관 메뉴에서
뒤로 가기 버튼 생성
카라–오늘

자격 검증 스크린에
버그 발생
결과: 로그 버그
아담–다음 주

이번 스프린트에서
나온 새로운 스토리는
프로젝트가 다소
지연됨을 의미한다.
이해관계자들과
결과를 공유한다.
샤넌–다음 주

전면 원격 프로젝트 사례

이제 3개국에서 온 20명 이상의 사람들이 서로 잘 모르는 상태에서 전면 원격 프로젝트를 시작했던 사례로 돌아가 보자. 회의 참여 집단의 규모와 다양성은 흥미로운 도전 과제를 제시했다. 우리는 모든 참석자가 영어를 모국어로 사용하지 않는다는 점을 염두에 두고 있었다. 또한 3개 국가들 중 한 곳에서 공급자 관련 인터넷 문제를 겪고 있다는 점을 인지했고 원격 회의 중에 기술적인 문제가 발생할 수도 있다고 생각했다.

우리는 회의 준비에 많은 노력과 시간을 들였다. 프로젝트 스폰서의 목표와 그들이 기대하는 결과를 알아내는 것도 그 과정에 포함되었다. 이 단계를 마치고 나면, 회의 시작 10분 전부터 개별 참석자들이 회의에서 기대하는 바와 그들의 요구사항을 이해하려고 했다. 이 과정은 원격 공간에서 발생할 수 있는 서로 다른 관점을 이해하는 중요한 단계였다. 회의 중에는 다른 이들보다 강력한 주장을 펼치는 사람들이 일부 존재하기 마련이다. 우리는 그룹 전체가 함께 사고하고 아이디어를 정리하는 시간을 가질 수 있는 공간을 제공함으로써 권력분배 메커니즘을 실천했다.

회의 시작 직전에 우리는 팀원들에게 '주차장Parking Lot'콘
셉트를 소개했다. 오프라인에서 더 많은 탐색을 필요로 하는
논의거리가 있다면 언제든지 포스트잇 메모를 추가할 수 있
다고 설명했다(〈그림 33〉 참조). 또한 더 하고 싶은 말이 있는
경우에도 포스트잇 메모에 표시할 수 있게 했다.

우리가 회의에서 사용한 두 번째 기법은 브레이크아웃 그
룹이었다. 우리는 그룹을 더 작은 규모의 소그룹으로 나누었
다. 소그룹에서는 친밀한 대화가 오갈 수 있도록 했고, 대표
를 선출해 큰 그룹에게 보고하는 프로세스를 설정했다. 이 방
법을 활용하면 그룹 전체가 한 사람 한 사람의 의견을 모두
듣지 않아도 모든 참석자들의 의견을 골고루 반영할 수 있었
다. 각각의 브레이크아웃 룸에는 고유한 디지털 협업 공간(
각 브레이크아웃 룸에는 링크를 클릭하면 가상 화이트보드로 이동
할 수 있는 링크가 있었다)이 있었기 때문에, 촉진자는 어떤 그
룹이 문제를 겪고 있는지 실시간으로 확인할 수 있었다(〈그
림 34〉 참조).

〈그림 33〉 주차장

오프라인에서 추가 논의가 필요한 경우 가상의 포스트잇에 의견을 적는다.
후속 조치를 위해 **본인의 이름을 기재한다.**

〈그림 34〉 사전에 브레이크아웃 룸을 위한 링크 생성

필요사항 논의
30분

줌에서 브레이크아웃 룸을 분할한 뒤 각각의 소규모 그룹에서
필요사항을 논의한다. 아래 링크를 클릭하면 자세한 설명이 나오게 한다.

브레이크아웃 룸 1
브레이크아웃 룸 2
브레이크아웃 룸 3
브레이크아웃 룸 4
브레이크아웃 룸 5

다음 이미지는 각 소그룹들이 링크를 클릭하면 볼 수 있는 가상 화이트보드의 예시다. 우리는 사전에 그룹의 대화를 이끌 수 있는 템플릿을 미리 만들어두었다(〈그림 35〉 참조).

그 다음 우리는 프로젝트 가치에 대한 토론으로 넘어갔다. 우리는 이 주제를 가장 논쟁이 되는 주제 가운데 하나라고 생각했기 때문에 토론 과정에 더욱 신중하게 대처했다. 구두로만 진행되는 논의를 통해서는 주제에 대한 문제점이 충

〈그림 35〉 브레이크아웃 룸을 위한 가상의 화이트보드 탬플릿

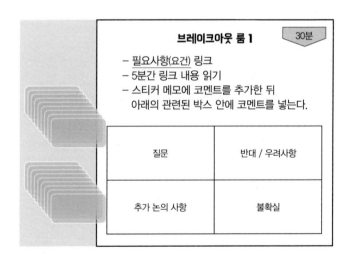

브레이크아웃 룸 1   30분

– 필요사항(요건) 링크
– 5분간 링크 내용 읽기
– 스티커 메모에 코멘트를 추가한 뒤
  아래의 관련된 박스 안에 코멘트를 넣는다.

질문	반대 / 우려사항
추가 논의 사항	불확실

분히 표면화되기 어려웠다. 우리는 사전에 프로젝트를 설계한 사람을 준비시켜 토론 과정을 소개하고 슬라이더를 움직여 프로젝트에 대한 그의 의견과 결정사항을 공유했다. 우리가 프로젝트 설계자를 미리 준비시키고 기법을 공유했기 때문에(〈그림 36〉 참조), 다른 참석자들도 기능의 작동법을 이해하는 것이 수월했다. 참석자들은 부가 설명 없이도 자신의 생각을 나타내기 위해 슬라이더를 활용했다(〈그림 37〉 참조). 이 방법은 참석자들의 의견을 가시화하고 시각적으로 결과를 검증하기 위한 낮은 장벽의 메커니즘이었다.

각 개인들이 느끼는 회의 경험의 질을 높이기 위해 사전에 많은 준비를 했기 때문에 회의는 기대만큼 순조롭게 진행되었다. 참석자들이 언제든 자신의 생각을 추가할 수 있는 공간을 만들어 회의 기여의 장벽을 대폭 낮출 수 있었다. 회의가 끝난 후 팀은 향후 의사결정을 위한 문서로 슬라이드 덱을 활용했다.

〈그림 36〉 프로젝트 가치 슬라이더

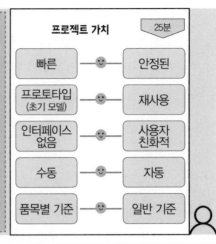

〈그림 37〉 설계자는 토론을 시작하기 위해 프로젝트 가치 슬라이더를 움직인다

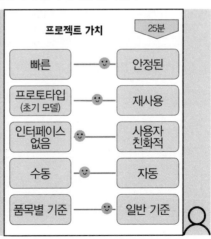

다섯 가지 원칙 자세히 살펴보기

사파리 여행을 위해 어떤 자동차를 선택하는지는 사람들의 여행 경험에 적잖은 영향을 미친다. 우리는 독자들이 낡은 자전거를 타고 사파리 여행을 떠나는 일은 없길 바란다. 원격 회의에도 같은 맥락을 적용할 수 있다. 사람들이 참여하고 기여하는 정도가 동등한지 세심하게 주의를 기울이지 않으면 참석자들은 회의에서 제각기 다른 경험을 하게 될 것이다. 회의 결과는 모든 참석자가 회의에 기여하는 수준에 많은 영향을 받기 때문에 동등한 조건을 갖추는 것은 몹시 중요하다. 오디오의 결함으로 원격 회의에서 다른 사람들의 목소리를 제대로 들을 수 없거나 회의에서 공용으로 사용되는 언어를 제대로 이해하지 못하거나 그 밖에 기술적인 문제를 겪게 되면 자연스럽게 회의에서 소외될 수밖에 없다. 결국 참석자들의 동기부여나 회의의 질 모두가 저하되는 결과를 초래한다. 어떻게 하면 모든 사람들이 회의에 참여할 수 있는 동등한 기회를 만들 수 있을까?

사파리 지역의 동물보호구역에서 벗어나 도시로 이동한다고 가정해보자. 이제 지긋지긋한 교통 체증을 고려해야 할 때가 왔다. 차량이 정체되어 빈번하게 차를 멈추는 상황이 얼마나 좌절감을 주는지 떠오른다. 회의도 마찬가지다. 회의 중 아이디어와 대화의 원활한 흐름과 해결책은 사고의 질뿐만 아니라 참석자들의 몰입에도 많은 영향을 미친다. 산만함과 기술적 결함은 회의의 흐름을 끊는다. 회의에 대한 불분명한 기대를 갖고 있거나 원격 공간에 참여하는 방법을 제대로 인지하지 못하는 경우 명확한 이해를 위해 계속 대화를 중단하는 상황이 발생한다. 회의에서 순조로운 대화의 흐름을 이어가는 방법은 무엇일까?

교통 이야기가 나왔으니 도로 표지판을 빼놓을 수 없다. 표지판은 운전자에게 필수적인 시각 도구다. 운전 중 운전자의 인지 부하를 감소시킬 뿐만 아니라 행동을 가이드하는 중요한 역할을 한다. 회의에서도 시각자료는 비슷한 역할을 맡고 있다. 참석자들이 어느 정도 대화를 진행했는지 혹은 다음 논의 내용은 무엇인지를 인지하게 하고, 한 번에 머릿속에 담아야 할 핵심 정보의 양을 줄일 수 있게 한다. 그렇다면 시각자료를 활용해 참석자들이 추상적인 개념을 이해하는 것을 돕고, 그들의 이해력을 검증하고, 핵심에 집중하도록 하는 방법은 무엇일까?

적절한 타이밍에 바뀐 신호등 덕분에 마침내 지루한 교통 체증에서 벗어났다고 생각했다. 하지만 실상은 그렇지 않았다. 추월이 불가능한 1차선 도로에서 느려터진 운전자 뒤에 꼼짝없이 갇히고 만 것이다. 그 운전자의 개인 사정을 이해하지 못한다면 금세 좌절감을 느낄 수 있는 상황이다. 타인을 이해하고 관계를 형성하는 인간의 능력은 내가 행동하는 방식과 상대가 행동하는 방식에 많은 영향을 미친다. 관계를 형성할 기회가 비교적 제한된 원격 공간에서는 특히 상호 간에 연결성을 만들어내는 것이 어렵다. 하지만 원격 공간에서도 함께 있는 사람들에게 집중하면 상대의 행동을 모범으로 삼고 사람들의 참여 역시 더욱 적극적으로 이끌어낼 수 있다. 원격 회의에서도 인간적인 관계를 형성할 수 있다.

마침내 목적지에 도착했지만 주차를 하려고 보니 주차 공간이 코딱지만 하다. 차 간 간격은 터무니없이 좁은 데다 붐비는 카페 앞에서 사람들은 모두 주차 공간을 내려다보고 있다. 당황스러움에 불안감이 밀려온다. 스트레스가 너무 많아도 너무 적어도 최적화된 업무 능력에 영향을 미친다. 만약

• 언택트 리더십 가이드 •

사람들이 회의에서 위협을 인식한다면 사고의 질은 곧바로 저하된다. 위협 대신 사람들이 즐거운 학습 경험을 할 수 있다면, 더 많은 참여와 열린 사고의 결과로 건설적이고 의미 있는 결과가 도출될 가능성이 훨씬 높아진다. 회의의 분위기를 어떻게 조성할지, 질문은 어떻게 던져야 할지, 어떤 행동을 모범으로 삼아야 할지, 어떻게 분위기를 가볍게 환기시켜야 할지 등은 모두 위협적인 분위기에서 벗어나 즐거운 학습을 자극하는 역할을 한다.

마지막으로, 서두에서 언급했던 미니버스 이야기로 돌아가보자. 버스를 탔는데 운전자가 이 차량을 처음으로 운전하는 초보자라는 사실을 알게 되었다면 어떨까? 회의에서도 마찬가지다. 회의 도구에 대한 경험 부족으로 회의에 부정적인 영향을 미치지 않게 하는 것이 중요하다. 도구를 사용하기 전에 먼저 보안, 접근, 사용 편의성, 도구의 올바른 사용법에 대해 인지하는 시간을 갖는 것이 바람직하다. 촉진자들이 도구를 능숙하게 활용할 수 있다면 회의에 보다 더 집중하게 되고, 참석자들은 능숙한 운전자의 실력에 편안하게 여행을 마칠 수 있을 것이다.

신경과학과의 연계

책에 소개한 '자세히 살펴보기' 부분은 회의에서 경험한 특정 상황을 신경과학적인 측면에서 분석했다. 스카프 모델은 위협이나 보상(특정 상황을 피하거나 접근하게 만드는 것)을 해석하는 뇌의 핵심 영역을 이해하기 위한 신경과학 모델이다. 'SCARF'가 의미하는 다섯 가지 약어들은 각각 인간이 위협을 감지하는 영역을 나타낸다.

앞에서 위협을 감지하는 반응을 토대로 인간이 소외감과 같은 사회적 고통을 경험할 때 뇌에서 일어나는 현상을 살펴보았다. 또한 사회적 고통을 주는 경험들이 육체적 고통에 반응하는 뇌의 부분을 어떻게 활성화시키는지 연구했다. 어떤 형태로든 고통을 경험할 때 인간의 뇌는 최적의 문제해결이 가능한 상태에서 벗어난다. 그렇다면 촉진자로서 어떻게 하면 사람들이 동등하게 회의에 참여할 수 있는 기회를 만들 수 있을까? 회의에 부정적인 영향을 미치는 사회적 고통의 상황을 방지하는 방법은 무엇일까?

좀 더 긍정적인 측면을 이야기해보자. 우리는 인간의 뇌가 '아하' 모먼트를 경험할 때 어떤 현상이 벌어지며 그 현상이 왜 사람들의 기분을 좋게 만드는지 밝혀냈다. 우리의 뇌는 폐쇄 피드백 루프를 즐기도록 만들어졌다. 이때 방출되는 화학물질들은 보상 네트워크를 활성화시켜 사람들이 무언가를 더 하고 싶은 마음이 들도록 자극한다. 반면 폐쇄 피드백 루프를 막게 되면 좌절과 이탈로 이어질 수 있다. 이처럼 긍정적인 흐름을 조성하면 사람들이 상호 간에 관계를 형성하고, 통찰력에 도달하고, 만족스러운 기분을 느끼는 조건을 만들 수 있다.

통찰력에 도달하려면 먼저 우리의 뇌는 의식 속에 일정량의 정보를 보유해야 한다. 그래야만 그 정보를 검토하고 연결해 통찰력에 이를 수 있다. 우리의 작업 기억working memory은 제한되어 있다. 정보의 질적인 측면이 유지되면서 인간이 기억할 수 있는 정보량의 한계는 네 가지 정도다. 회의에서 시각자료는 사람들의 인지 부하를 줄이기 위해 다양한 방법으로 활용된다. 추상적인 개념을 공감할 수 있는 정보로 바꾸기 위해 비유가 하는 역할을 떠올려보자. 정보를 저장하는 뇌의 기능을 돕는 역할도 마찬가지다. 시각적인 측면은 이처럼 인간에게 매우 강력하게 작용한다. 우리가 정보를 더 잘 이해하고 기억할 수 있다면 회의에서 더욱 긍정적인 결과를 얻을 수 있다.

다음으로 회의의 사회적 역학관계와 사회적 관계의 신경과학 분야로 다시 돌아가보겠다. 연구에 따르면 상호 간에 이해받거나 서로 연결된 느낌은 '아하' 모먼트에서 설명한 것과 동일한 보상 회로를 활성화시키고 사회적 행동을 강화하는 역할을 한다. 회의에서 이러한 연결성을 강화하면 최적의 성과를 만드는 사회적 상황을 조성할 수 있다.

긍정적인 사회적 상호작용이 미치는 영향을 연구하면서 인간이 스트레스를 경험할 때 어떤 현상이 일어나는지 자세히 살펴보았다. 인간이 위협을 감지할 때 뇌가 방출하는 화학물질은 정보를 분석하거나 결정을 내리는 것과 같은 고차원적 사고에 관여하는 인간의 능력과 역U자 관계를 맺고 있다. 스트레스가 너무 적으면 뇌는 휴식 모드로 돌입한다. 반면 스트레스가 너무 많으면 무대공포증을 겪을 수도 있다. 하지만 뇌가 즐거운 학습에 관여할 때는 다르다. 뇌는 새로운 정보를 참신하고 즐거운 방법으로 연결시킬 수 있다. 즐거운 학습이 일어나면 전전두엽 피질이 충분히 활성화되기 때문에 사람들은 적극적으로 참여하고 다음 단계로 나아가려는 의지를 보인다. 즐거운 학습을 통해 두려움에 기반한 반응을 피하고 질 높은 사고와 학습이 가능한 환경을 조성할 수 있다.

회의 결과는 사고의 질적인 측면에 많은 영향을 받는다. 두려움과 위협에 기반한 반응을 피함으로써 촉진자는 사람들이 보다 명료하게 생각하고 집중할 수 있는 기회를 제공할 수 있다. 아이디어가 넘치고, 통찰력에 도달하고, 즐거운 학습이 일어날 수 있는 조건을 통해 촉진자는 두려움이 미치는 부정적인 영향을 피할 수 있을 뿐만 아니라 활발한 사고를 위한 최적의 조건을 만들어낼 수 있다. 마지막으로, 촉진자는 회의의 사회적 측면에 주의를 기울임으로써 사람들의 참여를 억제하거나 협력적인 행동을 창조하고 유지할 수 있는 집단 역학에 관여하게 된다.

방법과 기법 통합하기

책에서 여러 가지 방법과 기법들을 살펴보았다. 어떤 방법이든 주어진 상황에 올바르게 적용하면 강력한 효과를 발

휘한다. 이런 방법들은 회의를 긍정적인 방향으로 변화시킨
다. 한두 가지라도 직접 회의에 적용하기 시작한다면 시간이
지남에 따라 회의는 더욱 협력적인 공간으로 발전할 것이다.
아래 기법들을 요약한 표를 참고 바란다. 서로 겹치거나 기반
이 되는 몇 가지 기술들을 발견할 수 있을 것이다.

마지막 조언

원격 회의는 촉진자와 참석자들 모두에게 매우 취약한 공
간이다. 그럼에도 우리는 회의에서 보고 싶은 행동을 직접 실
험하고 모방해보는 활동을 권장한다. 물론 원격 회의와 비
교해 대면 회의나 협업이 더 수월하고, 순조롭고, 자연스럽
게 느껴지는 것이 당연하다. 그러나 원격 퍼실리테이션을 계
속 연습하고 세심하게 조정하는 과정을 통해 분산된 환경에
서 팀과 조직의 새로운 잠재력을 발견할 수 있을 것이다. 원
격 회의에는 더 나은 환경을 위해 배워야 할 새로운 기법들
이 다양하게 존재한다. 팀이든 조직이든 단순한 연습이든 상
관없이 더 건전한 원격 협업을 달성하기 위한 더 나은 방법을

계속 찾기를 바란다. 독자들이 책을 읽고 원격 회의에서 조금 더 대담해지기를 희망하며 글을 마친다.

〈표1〉 각 장의 기법 요약표

공정한 기회를 만들어라	회의의 흐름을 원활하게 하라	시각자료를 활용하라	연결성을 강화하라	즐거운 학습을 가능하게 하라	도구를 마스터하라
가능하다면 전면 원격 방식을 사용하라	기대치 관리: 안건을 명확히 하라	시각자료로 정보의 질을 높여라	체크인 질문으로 회의를 시작하라	컨테이너를 만들어라	목적부터 설정하라
'가상의 참석자'	기대치 관리: 회의 규칙을 명확히 하라	명확한 지시로 인지 부하를 줄여라	소규모 그룹으로 분할하라	단어를 현명하게 사용하라	준비된 상태로 회의에 임하라
시작 전에 기술적인 문제를 체크하라	공동으로 비주얼 맵을 만들어라	원격 공간에서의 합의점을 시각화하라	첫발을 먼저 내딛어라	흥미롭고 의미 있는 시각자료를 활용하라	필요하다면 방향을 바꿔라
가상의 포스트잇 기능 설정	에너지 신호를 파악하라	시각적으로 결과를 검증하라	다양한 상황에 주목하라	음악으로 침묵을 해소하라	비공식 채널
그룹 의견을 표현하기 위한 가벼운 메커니즘 (예: 점투표)	휴식을 제공하라		원격 공간에 집중하라	소소한 즐거움을 만들어라	공동 퍼실리테이션
사전 읽기 시간을 허용하라	참석자들을 현재에 집중하게 하라		회의 중간에 퇴장을 허용하라		회의 아티팩트를 결과와 동일시하지 마라
이름을 미리 입력하라					접속과 보안 문제를 고려하라
회의 공간에 집중하라					도구를 선택하라
원격 회의가 끝난 뒤 연결성을 유지하는 방법					
회의 내용을 곧바로 정리하라	부정적인 결과에 대처하라	비동기적 커뮤니케이션을 도입하라	직접적인 소통 방식을 모방하라	원격팀의 합의 사항을 설정하라	

참고 자료

1. Buffer, "State of Remote Work: How remote workers from around the world feel about remote work, the benefits and struggles that come along with it, and what it's like to be a remote worker in 2019." https://buffer.com/state-of-remote-work-2019# (accessed August 31, 2019).

2. Igloo, "2019 State of the Digital Workplace." http://igloosoftware.look-bookhq.com/resourcespage/report-igloo-digital?ga=2.100731971.350767769.1566779246-317818767.1566779246 (accessed December 10, 2019).

3. Brené Brown, documentary by Sandra Restrepo, *The Call to Courage*, Netflix, April 19, 2019.

4. Brené Brown, *Daring Greatly* (New York: Penguin, 2013), 34.

5. David Rock, "SCARF: a brain-based model for collaborating with and influencing others," *Neuroleadership Journal* no. 1 (2008), http://web.archive.org/web/20100705024057/http://www.your-brain-at-work.com/files/NLJSCARFUS.pdf.

6. David Rock, "SCARF: a brain-based model for collaborating with and influencing others," *Neuroleadership Journal* no. 1, (2008), http://web.archive.org/web/20100705024057/http://www.your-brain-at-work.com/files/NLJ_SCARFUS.pdf.

7. Gerald M. Weinberg, *Becoming a Technical Leader* (Leanpub, 2016), 484.

8. Dr. Jacqui Grey, webinar: *Do We Have Inclusion All Wrong?*, NeuroLeadership Institute. August 13, 2019, https://hub.neuroleadership.com/include-demo-august-2019?utm_source=hs_email&utm_medium=email&utm_content=75829927&_hsenc=p2ANqtz-ZtQ759YbIaOhZ0-0PFQnlPN24-grnXkTzYiZCUqYjZDMBYM9_z9nleJIObc9eh3NTuIdNTDZCPDG3KM-MgRCNVkw -x7Uw&_hsmi=75829927 (accessed August 13, 2019).

9. Naomi I. Eisenberger, "Broken Hearts and Broken Bones: A Neural Perspective on the Similarities Between Social and Physical Pain," *Psychosomatic Medicine* 74, no. 2 (2012), https://www.ncbi.nlm.nih.gov/pmc/articles/PMC3273616/.

10. Sam Laing, "Top Tips For Distributed Meetings." Growing Agile, http://www.growingagile.co.nz/2017/06/top-tips-for-distributed-meetings/ (accessed July 15, 2019).

11. Speech. December 3, 1923. Shepherd's Bush Empire,London. (CS IV, 3426.)

12. M. Tik et al., "Ultra-high-field fMRI insights on insight: Neural correlates of the Aha!-moment," *Human Brain Mapping* 39, no. 8 (2018), https://www.ncbi.nlm.nih.gov/pmc/articles/PMC6055807/.

13. Joshua Foer, *Feats of Memory Anyone Can Do*, TED, May 2012, https://
    www.ted.com/talks/joshua_foer_feats_of_memory_anyone_can_do (accessed
    June 2019).

14. N. Cowan, "The Magical Mystery Four: How is Working Memory Capacity
    Limited, and Why?" *Current Directions in Psychological Science* 19, no. 1
    (2010), https://www.ncbi.nlm.nih.gov/pmc/articles/PMC2864034/#.

15. GA Miller, "The magical number seven, plus or minus two: Some limits on
    our capacity for processing information," *Psychological Review* 63 (1956),
    https://psycnet.apa.org/doiLanding?doi=10.1037%2Fh0043158.

16. N. Cowan, "The Magical Mystery Four: How is Working Memory Capacity
    Limited, and Why?" *Current Directions in Psychological Science* 19, no. 1
    (2010), https://www.ncbi.nlm.nih.gov/pmc/articles/PMC2864034/#.

17. A. Jamrozik et. al, "Metaphor: bridging embodiment to abstraction," *Psy-
    chonomic Bulletin & Review* 23, no. 4 (2017), https://www.ncbi.nlm.nih.
    gov/pmc/articles/PMC5033247/.

18. Joshua Foer, *Moonwalking with Einstein: The Art and Science of Remem-
    bering Everything* (New York: The Penguin Group, 2011).

19. Dick Axelrod and Emily Axelrod, *Let's Stop Meeting Like This: Tools to Save Time and Get More Done* (San Francisco: Berrett-Koehler Publishers Inc., 2014), ch. 2.

20. David Rock, "SCARF: a brain-based model for collaborating with and influencing others," *Neuroleadership Journal* no. 1 (2008), http://web. archive.org/web/20100705024057/http://www.your-brain-at-work.com/ files/ NLJ_SCARFUS.pdf.

21. The Arbinger Institute, *Leadership and Self-Deception: Getting Out of the Box* (California: Berrett-Koehler Publishers, Inc., 2008), 42.

22. S. Morelli et al., "The neural bases of feeling understood and not under-stood," *Social Cognitive and Affective Neuroscience* 9, no. 12 (2014), https://www.ncbi.nlm.nih.gov/pmc/articles/PMC4249470/.

23. Esther Derby and Diana Larsen, *Agile Retrospectives: Making Good Teams Great* (Texas: Pragmatic Bookshelf, 2006), 5.

24. Harrison Owen, "Open Space for Emerging Order," https://www.openspace-world.com/brief_history.htm (accessed September 6, 2019).

25. Harrison Owen, "Open Space for Emerging Order," https://www.openspace-world.com/brief_history.htm (accessed September 6, 2019).

26. Diane Ackerman, *Deep Play* (Vintage, 1999), 11.

27. Claire Liu et al., "Neuroscience and learning through play: a review of the evidence" (research summary), *The LEGO Foundation* (2017), https://www.legofoundation.com/media/1064/neuroscience-review_web.pdf.

28. Amy F. T. Arnsten, "Stress signalling pathways that impair prefrontal cortex structure and function," *Nature Reviews Neuroscience*, 10, no. 6, (2009), https://www.ncbi.nlm.nih.gov/pmc/articles/PMC2907136/.

29. David Rock, *Your Brain at Work: Strategies for Overcoming Distraction, Regaining Focus, and Working Smarter All Day Long* (New York: Harper Collins, 2009).

30. David Rock, *Your Brain at Work: Strategies for Overcoming Distraction, Regaining Focus, and Working Smarter All Day Long* (New York: Harper Collins, 2009).

31. Amy F. T. Arnsten, "Stress signalling pathways that impair prefrontal cortex structure and function," *Nature Reviews Neuroscience* 10, no. 6 (2009), https://www.ncbi.nlm.nih.gov/pmc/articles/PMC2907136/.

32. Claire Liu et al., "Neuroscience and learning through play: a review of the evidence" (research summary), *The LEGO Foundation* (2017), https://www.legofoundation.com/media/1064/neuroscience-review_web.pdf.

33. Claire Liu et al., "Neuroscience and learning through play: a review of the evidence" (research summary), *The LEGO Foundation* (2017), https://www. legofoundation.com/media/1064/neuroscience-review_web.pdf.

34. The X-Team, The Definitive Guide to Remote Development Teams: https://x-team.com/remote-team-guide/communication/ (accessed November 21, 2019).

35. The Scrum Guide: https://www.scrum.org/resources/scrum-guide (accessed November 10, 2019).

• **옮긴이 김주리**

숙명여자대학교 경영학 및 중문학과를 졸업하고 중앙일보 영자신
문사 및 교육기관에서 근무했다. 현재 번역 에이전시 엔터스코리
아에서 번역가로 활동하고 있다. 옮긴 책으로는 《스몰 자이언츠
가 온다 : 세상을 바꾸는 완전히 다른 패러다임》, 《개미지옥에 빠
진 크리에이터를 위한 회사생활 안내서》, 《상처주지 않고 상처받
지 않는 단호한 말하기》, 《스트레스 받지 않는 사람은 무엇이 다
른가》 등이 있다.

언택트 리더십 가이드

초판 1쇄 인쇄 2021년 4월 5일
초판 1쇄 발행 2021년 4월 15일

지은이 커스틴 클레이시·제이 앨런 모리스
옮긴이 김주리

발행인 신상철
편집장 신수경
편집 김혜연 양승찬
디자인 박수진
마케팅 안영배 신지애
제작 주진만

발행처 ㈜서울문화사 ┃ **등록일** 1988년 12월 16일 ┃ **등록번호** 제2-484호
주소 서울시 용산구 한강대로 43길 5 (우)04376
편집문의 02-3278-5522 ┃ **구입문의** 02-791-0762
팩시밀리 02-749-4079 ┃ **이메일** book@seoulmedia.co.kr

ISBN 979-11-6438-961-2 (03320)

＊잘못된 책은 구입처에서 교환해드립니다.
＊책값은 뒤표지에 있습니다.